职业教育提质培优人文素养系列丛书

诵读，追逐梦想的启航

（第二册）

卞勇平　王长斌　王恬忠　主　编

中国商业出版社

图书在版编目（CIP）数据

诵读，追逐梦想的启航. 第二册 / 卞勇平，王长斌，
王恬忠主编. -- 北京：中国商业出版社，2023.1
（职业教育提质培优人文素养系列丛书）
ISBN 978-7-5208-2381-4

Ⅰ. ①诵… Ⅱ. ①卞… ②王… ③王… Ⅲ. ①人文素
质教育－职业教育－教材 Ⅳ. ①G40-012

中国版本图书馆CIP数据核字（2022）第244222号

责任编辑：管明林

中国商业出版社出版发行
（www.zgsycb.com 100053 北京广安门内报国寺1号）
总编室：010-63180647 编辑室：010-83114579
发行部：010-83120835/8286
新华书店经销
句容市排印厂印刷
*
787 毫米×1092 毫米 16开 13.75 印张 262千字
2023年1月第1版 2023年1月第1次印刷
定价：39.80元
****

职业教育提质培优人文素养系列丛书
诵读，追逐梦想的启航

编写指导委员会

诵/读/追/逐/梦/想/的/启/航 PREFACE 前言

知识改变世界，读书丰富人生。经典作品是民族精神的源头，人类文化的瑰宝，闪耀着永恒的光芒。它植根于过去，却穿透时间的长河，历久弥新，泽被后世，应该把这些经典嵌在学生脑子里，成为中华民族文化的基因。

中职教育的本质是培养德智体美劳全面发展的社会主义建设者和接班人，立德树人是根本任务，利用晨读时间开展诵读活动无疑是连接思想道德教育和人文素养教育的桥梁。

站在新时代的历史交汇点，青年学子诵读经典，可以增加知识积累，可以充实精神生活，可以开拓思考空间，也可以陶冶审美情感，从而逐渐养成博大宽厚的思想人格，陶冶出生命的深度和高度。具体说，诵读经典有助于健康的世界观、人生观和价值观的形成。中职阶段的学生是未成年人，正处在三观形成的最佳时期，好书好文章的浸润正当其时；诵读经典有助于学生健全人格，研习礼仪，端正行为，固化伦理道德，提高感悟能力和审美能力；诵读经典有助于终身学习能力的培养。经典中包含的丰富智慧是走出校园、适应社会并实现人生发展的基本要素。通过诵读经典，使学习能力从职业教育向后续更广阔的终身教育阶段迁移顺理成章。

本丛书基于中职学生学情选编，选文立足中华文化经典，兼顾其他民族优秀作品，古今并蓄、题材广泛、文体多样、篇幅适中、文质兼美、诵读性强，既注重传统文化内涵，又体现当今时代精神。一方面，使同学们在青春岁月里不至于与那些流芳百世、曾经给世世代代的人们以精神滋养的传统经典擦肩而过；另一方面，又能打开面向社会的窗口，让同学们读到那些充满朝气与活力、散发着时代气息的优秀作品。目的在于引导学生通过阅读经典文学作品，初步学会赏析各类文学作品，从而领悟传统文化特别是中华传统文化精神，提升人文素养。

本丛书共四册，书名统一为《诵读，追逐梦想的启航》，以第一册、第二册、第三册、第四册标识，定性为职业院校人文素养提升类丛书。各板块主题起始于“德”，落脚在“职”，依次为“大道至简　德行天下”“方圆相宜　行稳致远”“致福成义　礼达四方”“业道酬精　职场赢家”，四册一以贯之。依据学期时序和学生认知发展规律，思想性逐册提升。

各单元编写体例，依次为诵读主体、知人论世、阅读鉴赏、思考寄语四个部分，即诵读作品，了解作者或作品背景，阅读赏鉴要旨，提炼思想精华并予以寄语。

本丛书由江苏省连云港中等专业学校、江苏省溧阳中等专业学校、江苏省东海中等专业学校、江苏省金坛中等专业学校、徐州经济技术开发区工业学校、江苏省如皋中等专业学校、连云港海州中等专业学校、江苏省贾汪中等专业学校、无锡立信高等职业技术学校、江苏省连云港中医药高等职业技术学校、江苏省睢宁中等专业学校（排名不分先后）共11所学校联合编撰。具体分工如下。

第一册：主编为王云清（江苏省溧阳中等专业学校）、贾建军（江苏省如皋中等专业学校）、李国君（江苏省睢宁中等专业学校）；副主编为李茂金（徐州经济技术开发区工业学校）、江海漫（江苏省贾汪中等专业学校）、殷勇（江苏省连云港中等专业学校）、赵玉斌（江苏省东海中等专业学校）、张宇（江苏省金坛中等专业学校）。

第二册：主编为卞勇平（江苏省金坛中等专业学校）、王长斌（连云港海州中等专业学校）、王恬忠（江苏省溧阳中等专业学校）；副主编为陆克平（江苏省如皋中等专业学校）、刘名波（江苏省连云港中医药高等职业技术学校）、李叶（无锡立信高等职业技术学校）、汤琴（江苏省连云港中等专业学校）、常瑞娜（江苏省睢宁中等专业学校）。

第三册：主编为马建春（无锡立信高等职业技术学校）、王广武（江苏省连云港中等专业学校）、汤英俊（江苏省金坛中等专业学校）；副主编为刘辉（江苏省睢宁中等专业学校）、高远（连云港海州中等专业学校）、王向华（江苏省如皋中等专业学校）、吕超（江苏省溧阳中等专业学校）、张晓燕（徐州经济技术开发区工业学校）。

第四册：主编为袁荣高（江苏省连云港中医药高等职业技术学校）、盛君（江苏省贾汪中等专业学校）、吴国祥（江苏省连云港中等专业学校）；副主编为王晓忠（无锡立信高等职业技术学校）、王冬冬（江苏省东海中等专业学校）、倪善勇（江苏省睢宁中等专业学校）、李志斌（江苏省金坛中等专业学校）、史云富（江苏省溧阳中等专业学校）。

参编人员（排名不分先后）：

韩静、乔静、苗书铭（江苏省连云港中等专业学校）；

范勇、姚爱娟、程思良（江苏省溧阳中等专业学校）；

何芹、周琳璐、张雪瑶（江苏省东海中等专业学校）；

许琴、徐森、钱丽华（江苏省金坛中等专业学校）；

金宏博、陈洁莲（徐州经济技术开发区工业学校）；

郭小龙（江苏省如皋中等专业学校）；

吉羚、于梅、李青（连云港海州中等专业学校）；

袁克岚、宋银成（江苏省贾汪中等专业学校）；

唐星页、曹萍、魏爽（无锡立信高等职业技术学校）；

殷吉磊、刘玲、赵雯雯（江苏省连云港中医药高等职业技术学校）；

何福、常兴、蒋珍珍、刘羽（江苏省睢宁中等专业学校）。

由于编者水平有限，本丛书可能存在一些不足，欢迎广大读者提出宝贵意见。在编写过程中，直接或间接参阅、借鉴、引用了国内外大量文献资料，在此，对这些文献的著作者表示诚挚感谢！

编　者

2022年11月

诵/读/追/逐/梦/想/的/启/航

CONTENTS

目录

大道至简　德行天下

方圆相宜　行稳致远

致福成义　礼达四方

业道酬精　职场赢家

大道至简　德行天下

1 秦风·无衣

诵读主体

岂曰无衣？与子同袍。王于兴师，修我戈矛。与子同仇！
岂曰无衣？与子同泽。王于兴师，修我矛戟。与子偕作！
岂曰无衣？与子同裳。王于兴师，修我甲兵。与子偕行！

知人论世

《秦风·无衣》是《诗经》中著名的诗篇之一，它是秦地人民抗击西戎入侵者的军中战歌。

《秦风》是秦地的民歌。秦地，即如今的陕西中部、甘肃东部，秦人在商周时代与戎狄杂处，以养马闻名，以尚武著称。当时的秦人部落实行的是兵制，有点儿像民兵制，平民成年男子平时耕种放牧，战时上战场就是战士，武器与军装由自己准备。这种兵制在北方的少数民族中一直延续着，木兰的“东市买骏马，西市买鞍鞯，南市买辔头，北市买长鞭”，就是在自己置备装备。在当时，成年的秦国男子是自己有战袍、戈矛的，只要发生战事，拿起来就可以上战场了。

阅读鉴赏

译文：

谁说我们没衣穿？与你同穿那长袍。君王发兵去交战，修整我那戈与矛，杀敌与你同目标。

谁说我们没衣穿？与你同穿那内衣。君王发兵去交战，修整我那矛与戟，出发与你在一起。

谁说我们没衣穿？与你同穿那战裙。君王发兵去交战，修整甲胄与刀兵，杀敌与你共前进。

如前所述，秦人尚武好勇，反映在这首诗中则以气概胜。诵读此诗，不禁为诗中火一般燃烧的激情所感染，那种慷慨激昂的英雄主义气概令人心驰神往。之所以造成这样的艺术效果，第一是每章开头都采用了问答式的句法。一句“岂曰无衣”，似自责，似反问，洋溢着不可遏止的愤怒与愤慨，仿佛在人们复仇的心灵上点上一把火，于是无数战士同声响应：“与子同袍！”“与子同泽！”“与子同裳！”第二是语言富有强烈的动作性：“修我戈矛！”“修我矛戟！”“修我甲兵！”使人想象到战士们在磨刀擦枪、舞戈挥戟的热烈场面。

诗共三章，采用了重叠复沓的形式。每一章句数、字数相等，但结构的相同并不意味着简单的、机械的重复，而是不断递进、有所发展的。如首章结句“与子同仇”，是情绪方面的，说的是他们有共同的敌人。第二章结句“与子偕作”，这是行动的开始。第三章结句“与子偕行”，表明诗中的战士们将奔赴前线共同杀敌。

全诗体现了秦军战士出征前的高昂士气，为了抗击共同的敌人，战士们毫无怨言，慷慨从军。他们互相召唤，互相鼓励，同心协力，并肩战斗，表现了战士们同仇敌忾，同生死、共甘苦的战斗友谊，揭示了战士们轻死忘生的乐观精神和保卫祖国的英雄气概。

思考寄语

这首诗基调慷慨激昂，诗句阳刚，让人振奋。表现了兵士们热情互助、英勇抗敌、舍生忘死、保卫家园的精神和勇气，洋溢着满腔热血的爱国主义情怀，很能调动起热血男儿们保家卫国的勇气和积极性。它与电视剧《亮剑》中的“亮剑”精神是一脉相承的。这种团结一致、不屈不挠的精神将深深地烙印在中华民族每一个人的心里，薪火相传，世代绵延！

2 人皆有不忍人之心

诵读主体

孟子曰：“人皆有不忍人之心。先王有不忍人之心，斯有不忍人之政矣；以不忍人之心，行不忍人之政，治天下可运之掌上。所以谓人皆有不忍人之心者：今人乍见孺子将入于井，皆有怵惕恻隐之心；非所以内交于孺子之父母也，非所以要誉于乡党朋友也，非恶其声而然也。由是观之，无恻隐之心，非人也；无羞恶之心，非人也；无辞让之心，非人也；无是非之心，非人也。恻隐之心，仁之端也；羞恶之心，义之端也；辞让之心，礼之端也；是非之心，智之端也。人之有是四端也，犹其有四体也。有是四端而自谓不能者，自贼者也；谓其君不能者，贼其君者也。凡有四端于我者，知皆扩而充之矣，若火之始然，泉之始达。苟能充之，足以保四海；苟不充之，不足以事父母。”

知人论世

孟子（约前372—前289），名轲，字子舆，战国时期邹国人。战国时期哲学家、思想家、教育家。是孔子之后、荀子之前的儒家学派的代表人物，与孔子并称“孔孟”。

孟子宣扬“仁政”，最早提出“民贵君轻”思想，被韩愈列为先秦儒家继承孔子“道统”的人物，元朝追封为“亚圣”。

《人皆有不忍人之心》出自《孟子》的《公孙丑章句上》。《孟子》一书是孟子的言论汇编，由孟子及其再传弟子共同编写而成，是记录了孟子的语言、政治观点和政治行动的儒家经典著作。孟子曾仿效孔子，带领门徒周游各国，但不被当时各国接受，便退隐与弟子一起著书。南宋时朱熹将《孟子》与《论语》《大学》《中庸》并称“四书”。

阅读鉴赏

译文：

孟子说：“每个人都有怜悯体恤别人的心情。古代圣王由于怜悯体恤别人的心情，所以才有怜悯体恤百姓的政治。用怜悯体恤别人的心情，施行怜悯体恤百姓的政治，治理天下就可以像在手掌上运转东西一样容易了。之所以说每个人都有怜悯体恤别人的心情，是因为，如果今天有人突然看见一个小孩要掉进井里面去了，必然会产生惊惧同情的心理——这不是因为想要和这孩子的父母拉关系，不是因为想要在乡邻朋友中博取声誉，也不是因为厌恶这孩子的哭叫声才产生这种惊惧同情心理的。由此看来，没有同情心，简直不是人；没有羞耻心，简直不是人；没有谦让心，简直不是人；没有是非心，简直不是人。同情心是仁的发端；羞耻心是义的发端；谦让心是礼的发端；是非心是智的发端。人有这四种发端，就像有四肢一样。有了这四种发端却自认为不行的，是自暴自弃的人；认为他的君主不行的，是暴弃君主的人。凡是有这四种发端的人，知道都要扩大充实它们，就像火刚刚开始燃烧，泉水刚刚开始流淌。如果能够扩充它们，便足以安定天下，如果不能够扩充它们，就连赡养父母都成问题。”

从人人都有“不忍人之心”的仁心推导仁政。由于这种“不忍人之心”是人本身所固有的，所以，仁政也应该是天经地义的。这就是孟子的思路。

孔子曾经说过：“性相近也，习相远也。”意思是说，人性本来是相近的，只因为教养的不同，便相差很远了。但孔子既没有说相近的人性是什么，是善还是恶，也没有展开论述。而且，从我们的理解来看，孔子主要强调的是后天教养、方面。孟子就不同了，他不仅展开了论述，指出了那相近的人性就是发端仁义礼智的“不忍人之心”，而且举出了生动的例证论证这种“不忍人之心”是人所固有的。

从另一方面来说，孟子也不是完全否认后天培养的作用。因为他认为“不忍人之心”包含四个方面，即“恻隐、羞恶、辞让、是非”之心，简称即为“四心”。而这“四心”只是“仁义礼智”这四种道德范畴的发端，或者说“四端”。这“四端”就像刚刚燃烧的火或刚刚流出的泉水一样，还需要“扩而充之”才能够发扬光大。不然的话，就会熄灭或枯竭。“扩而充之”就是后天的培养，也就是“习相远”。

所以，从理论基础来说，孟子的确是从天赋性善论（“四心”）推导出天赋道德论（“四端”），再推导出“不忍人之政”（仁政）的。但从实践来说，他还是重视后天努力（“扩而充之”）的作用。撇开关于先天还是后天、唯心还是唯物的抽象讨论，联系到孟子所处的战国时代社会状况来历史地看问题，主张人性本善，强调天赋道德，推行仁爱政治，这些都是具有积极意义的。

思考寄语

孟子此文中提倡的“恻隐之心、羞恶之心、辞让之心、是非之心”是我们做人做事、修身养性的准则，孟子认为“不忍人之心”是人本身所固有的。即“性本善”，但又要求“知皆扩而充之”，那么先天和后天，是否有矛盾呢？

答案是不矛盾的。因为在孟子看来，即使人的本性是善的，由于人们的社会活动存在私欲膨胀，会导致善的本性逐渐泯灭。所以必须在后天的教育中指导人们自觉地扩大充实自己的“善心”，因此，“仁政”主张具有实践意义。

3 兼爱（节选）

诵读主体

然则察此害亦何用生哉？以不相爱生邪？子墨子言：“以不相爱生。今诸侯独知爱其国，不爱人之国，是以不惮举其国以攻人之国。今家主独知爱其家，而不爱人之家，是以不惮举其家以篡人之家。今人独知爱其身，不爱人之身，是以不惮举其身以贼人之身。是故诸侯不相爱则必野战，家主不相爱则必相篡，人与人不相爱则必相贼，君臣不相爱则不惠忠，父子不相爱则不慈孝，兄弟不相爱则不和调。天下之人皆不相爱，强必执弱，富必侮贫，贵必敖贱，诈必欺愚。凡天下祸篡怨恨，其所以起者，以不相爱生也，是以仁者非之。”

既以非之，何以易之？子墨子言曰：“以兼相爱、交相利之法易之。”然则兼相爱、交相利之法将奈何哉？子墨子言：“视人之国若视其国，视人之家若视其家，视人之身若视其身。是故诸侯相爱则不野战，家主相爱则不相篡，人与人相爱则不相贼，君臣相爱则惠忠，父子相爱则慈孝，兄弟相爱则和调。天下之人皆相爱，强不执弱，众不劫寡，富不侮贫，贵不敖贱，诈不欺愚。凡天下祸篡怨恨可使毋起者，以相爱生也，是以仁者誉之。”

知人论世

墨子（前476或480—前390或420），名翟，春秋末期战国初期宋国人，宋国贵族目夷的后裔，曾担任宋国大夫。中国古代思想家、教育家、科学家、军事家，墨家学派创始人和主要代表人物。

墨子是墨家学说的创立者，提出了“兼爱”“非攻”“尚贤”“尚同”“天志”“明鬼”“非命”“非乐”“节葬”“节用”等观点，以兼爱为核心，以节用、尚贤为支点。墨家在先秦时期影响很大，与儒家并称“显学”。战国时期的百家争鸣，有“非儒即墨”之称。

墨子死后，墨子弟子根据墨子生平事迹的史料，收集其语录，编成了《墨子》一书。此书为墨子的弟子及其再传弟子对墨子言行的记录。

兼爱，是墨子提倡的一种伦理学说。他针对儒家“爱有等差”的说法，主张爱无差别等级，不分厚薄亲疏。《墨子》中《兼爱》有三篇，分别为兼爱上、兼爱中、兼爱下，观点一致而详略有异。

阅读鉴赏

译文：

既然如此，那么考察这些公害又是因何产生的呢？是因不相爱产生的吗？墨子说：“是因不相爱产生的。”现在的诸侯只知道爱自己的国家，不爱别人的国家，所以毫无忌惮地发动自己国家的力量，去攻伐别人的国家。现在的家族宗主只知道爱自己的家族，而不爱别人的家族，因而毫无忌惮地发动自己家族的力量，去掠夺别人的家族。现在的人只知道爱自己，而不爱别人，因而毫无忌惮地运用全身的力量去残害别人。所以诸侯不相爱，就必然发生野战；家族宗主不相爱，就必然相互掠夺；人与人不相爱，就必然相互残害；君与臣不相爱，就必然不相互施惠、效忠；父与子不相爱，就必然不相互慈爱、孝敬；兄与弟不相爱，就必然不相互融洽、协调。天下的人都不相爱，强大的就必然控制弱小的，富足的就必然欺侮贫困的，尊贵的就必然傲视卑贱的，狡猾的就必然欺骗愚笨的。举凡天下祸患、掠夺、埋怨、愤恨，都是因不相爱而产生的。所以仁者认为它不对。

既然已认为不相爱不对，那用什么去改变它呢？墨子说道：“用人们全都相爱、交互得利的方法去改变它。”既然这样，那么人们全都相爱、交互得利应该怎样做呢？墨子说道：“看待别人的国家就像自己的国家，看待别人的家族就像自己的家族，看待别人之身就像自己之身。所以诸侯之间相爱，就不会发生野战；家族宗主之间相爱，就不会发生掠夺；人与人之间相爱，就不会相互残害；君臣之间相爱，就会相互施惠、效忠；父子之间相爱，就会相互慈爱、孝敬；兄弟之间相爱，就会相互融洽、协调。天下的人都相爱，强大者就不会控制弱小者，人多者就不会强迫人少者，富足者就不会欺侮贫困者，尊贵者就不会傲视卑贱者，狡诈者就不会欺骗愚笨者。举凡天下的祸患、掠夺、埋怨、愤恨不产生的原因是相爱。所以仁者称赞它。”

第1段，考察祸害产生的原因，是不相爱。不相爱，是“强必执弱，富必侮贫，贵必傲贱，诈必欺愚”的总根源。

第2段，既然认识到“不相爱”是不对的，那么怎样去改变它呢？墨子指出：“以兼相爱、交相利之法易之。”即用大家都相亲相爱、相互得利的方法改变它。墨子的“兼相爱”和“交相利”是密切结合的，“爱人”就要“利人”。

思考寄语

兼爱是墨家学派最有代表性的理论之一。所谓兼爱，其本质是要求人们爱人如己，彼此之间不要存在血缘与等级差别的观念。当时社会混乱，诸侯国相互攻掠，君臣、父子、兄弟相互欺诈，损人利己。墨子主张爱人，反对祸乱，认为只有这样才能保持国家安定，人们和睦相处。当然，墨子简单地将社会祸乱归咎于人们“不相爱”，把兼爱看作止乱致治的良方，是一种不切实际的空想，但兼爱所反映的平等意识，在一定程度上体现了人们当时的愿望，是对儒家爱有等级观念的突破，在当时历史条件下有一定的进步意义。

希望这个世界上的每一个人都能发挥兼爱精神，爱他人如爱自己，像爱自己一样去爱他人。那么人与人之间的关系会更加和睦，这个社会也将更加美好和谐！

4 商鞅立木建信

诵读主体

令既具，未布，恐民之不信，已乃立三丈之木于国都市南门，募民有能徙置北门者予十金。民怪之，莫敢徙。复曰“能徙者予五十金”。有一人徙之，辄予五十金，以明不欺。卒下令。

于是太子犯法。卫鞅曰：“法之不行，自上犯之。”将法太子。太子，君嗣也，不可施刑，刑其傅公子虔，黥其师公孙贾。明日，秦人皆趋令。行之十年，秦民大说，道不拾遗，山无盗贼，家给人足。民勇于公战，怯于私斗，乡邑大治。

知人论世

司马迁（前145或前135—不可考），字子长，西汉史学家、文学家、思想家。司马谈之子，任太史令，被后世尊称为史迁、太史公、历史之父。

司马迁早年受学于孔安国、董仲舒，漫游各地，了解风俗，采集传闻。初任郎中，奉使西南。28岁任太史令，继承父业，著述历史。后因替李陵败降之事辩解而受宫刑，调任中书令，发奋继续完成所著史籍。他以“究天人之际，通古今之变，成一家之言”的史识创作了中国第一部纪传体通史《史记》（原名《太史公书》），被公认为是中国史书的典范。该书记载了从上古传说中的黄帝时期，到汉武帝太初四年，长达3000多年的历史，是“二十四史”之首，被鲁迅誉为“史家之绝唱，无韵之离骚”。

阅读鉴赏

译文：

商鞅变法的条令已准备就绪，还没公布，（商鞅）担心百姓不相信自己，于是（命人）在都城市场南门前放置一根高三丈的木头，招募（能）搬到北门的人，给予十金。百姓看到后对此感到奇怪，没有人敢去搬木头。（商鞅）又说：“能搬木头的人赏五十金。”有一个人搬了木头，就给了他五十金，以此来表明没有欺骗（百姓）。最终颁布了法令。

这时太子触犯了法律，公孙鞅（商鞅）说："新法不能顺利施行，就在于上层人士带头违反。"太子是国君的继承人，不能施以刑罚，便将他的老师公子虔处刑，将另一个老师公孙贾脸上刺字，以示惩戒。第二天，秦国人听说此事，都遵从了法令。新法施行十年，秦国人都非常高兴，路上没有人拾别人丢的东西占为己有，山林里也没了盗贼，家家富裕充足，百姓勇于为国作战，不敢再行私斗，乡野城镇都得到了治理。

秦国在实施新法令之前，立木于南门，取信于民。新法实行后，太子犯法，刑其师傅。这两件事说明了信用是国家的重宝，善于治理国家的人必定得到民众的信任。

思考寄语

在我国的传统伦理中，诚实守信被看作"立身之本""举政之本""进德修业之本"。孔子说："人而无信，不知其可也。"他甚至把诚信摆到关系国家兴亡的重要位置，认为国家的朝政得不到人民的信任是站不住脚的。《礼记》中也说："大道之行，天下为公，选贤与能，讲信修睦。"认为人与人之间建立互信的关系，对实现社会安定、促进生产发展至关重要。

自古以来，中国人就赞美诚信，并把它贯彻到日常生活的各个方面。比如，在交往中，人们常说"君子一言，驷马难追""言必信，行必果"。在经济生活中，人们把"童叟无欺""市不二价""货真价实"作为经商道德，形成了以诚待人、以信接物、买卖公平、保质保量的商业伦理和信用原则。

"信则立，不信则废。"一个国家，一个民族乃至个人，守信于己，取信于人，是获得生存空间，求得发展和成功的关键所在。

5 临安春雨初霁

诵读主体

世味年来薄似纱，谁令骑马客京华？
小楼一夜听春雨，深巷明朝卖杏花。
矮纸斜行闲作草，晴窗细乳戏分茶。
素衣莫起风尘叹，犹及清明可到家。

知人论世

陆游（1125—1210），字务观，号放翁，汉族，越州山阴（今浙江绍兴）人，尚书右丞陆佃之孙，南宋文学家、史学家、爱国诗人。陆游生逢北宋灭亡之际，少年时即深受家庭爱国思想的熏陶。宋高宗时，参加礼部考试，因受宰相秦桧排斥而仕途不畅。宋孝宗即位后，赐进士出身，历任福州宁德县主簿、敕令所删定官、隆兴府通判等职，因坚持抗金，屡遭主和派排斥。乾道七年（1171），应四川宣抚使王炎之邀，投身军旅，任职于南郑幕府。次年，幕府解散，陆游奉诏入蜀，与四川制置使范成大相知。宋光宗即位后，升为礼部郎中兼实录院检讨官，不久即因“嘲咏风月”罢官归居故里。嘉泰二年（1202），宋宁宗诏陆游入京，主持编修孝宗、光宗《两朝实录》和《三朝史》，官至宝章阁待制。书成后，陆游长期蛰居山阴，嘉定二年（1209）秋，忧愤成疾，1210年与世长辞，留绝笔《示儿》。

陆游写下这首《临安春雨初霁》时已62岁，在家乡山阴赋闲了五年。诗人少年时的意气风发与壮年时的裘马轻狂，都随着岁月的流逝一去不复返了。虽然他光复中原的壮志未衰，但对偏安一隅的南宋小朝廷的软弱与黑暗，是日益看得更明白了。

阅读鉴赏

译文：

如今的世态人情淡得像一层薄纱，谁又让我乘马来到京都做客沾染繁华？

住在小楼听尽了一夜的春雨淅沥滴答，明日一早，深幽的小巷便有人叫卖杏花。铺开小纸从容地斜写着草书，在小雨初晴的窗边细细地煮水、沏茶、撇沫，试品茗茶。不要叹息那京都的尘土会弄脏洁白的衣衫，清明时节还来得及回到镜湖边的山阴故家。

自淳熙五年（1178）孝宗召见了陆游以来，他并未得到重用，只是在福建、江西做了两任提举常平茶盐公事；嘉泰五年，更是远离政界，但对于政治舞台上的倾轧变幻，对于世态炎凉，他体会得更深了。于是首联开口就言“世味”之“薄”，并惊问“谁令骑马客京华”。陆游时年已62岁，不仅长期宦海沉浮，而且壮志未酬，又兼个人生活的种种不幸，这位命途坎坷的老人发出悲叹，说出对世态炎凉的内心感受。

颔联点出“诗眼”，语言清新隽永。诗人只身住在小楼上，彻夜听着春雨的淅沥。次日清晨，深幽的小巷中传来了叫卖杏花的声音。绵绵的春雨，由诗人的听觉中写出；而淡淡的春光，则在卖花声里透出。其实，“小楼一夜听春雨”，正暗示了诗人一夜未曾入睡，国事家愁，伴着这雨声涌上了眉间心头。在这里陆游虽然用了比较明快的字眼，但用意还是要表达自己的郁闷与惆怅，而且正是用明媚的春光作为背景，才与自己的落寞情怀构成了鲜明的对照。

接下去的颈联就道出了他的这种心情。在这明艳的春光中，诗人能做的只是“闲作草”“戏分茶”，无事而作草书，晴窗下品茗茶，表面上看是极闲适恬静的境界，却藏着诗人无限的感慨与牢骚。陆游素来有为国家做一番轰轰烈烈事业的宏愿，而严州知府的职位本与他的素志不合，何况觐见一次皇帝，不知要在客舍中等待多久！国家正是多事之秋，而诗人却在以作书品茶消磨时光，真是无聊而可悲！于是再也按捺不住心头的怨愤，写下了结尾两句。

尾联不仅道出了羁旅风霜之苦，又寓有京中恶浊，久居为其所化的意思。诗人声称清明不远，应早日回家，而不愿在所谓“人间天堂”的江南临安久留。诗人应诏入京，却只匆匆一过，便拂袖而去。陆游这里反用其意，其实是自我解嘲。

可以说《临安春雨初霁》反映了作者内心世界的另一方面，作者除了在战场上、幕帐中和夜空下高唱报国之外，偶尔也有惆怅徘徊的时候。陆游毕竟是陆游，他不会永久地停留在“闲”“戏”之上。不久后他在严州任上，仍坚持抗金，并且付诸行动，表达于诗文，终于又被以“嘲咏风月”的罪名罢官。他的绵绵“杏花春雨”，在《十一月四日风雨大作》中，发展成了“铁马冰河入梦来”的急风暴雨。

思考寄语

如果掩去作者的名字，读这首《临安春雨初霁》，也许会以为它并不是出自“铁马金戈”“气吞残虏”的陆放翁之手。诗中虽然有杏花般的春色，却更隐含着“世味薄似纱”的感伤之情和“闲作草”“戏分茶”的无聊之绪。这是与高唱着“为国戍轮台”而“以身报国”的陆游的雄奇悲壮的风格特征很不一致的。《临安春雨初霁》没有豪唱，也没有悲鸣，有的只是结肠难解的郁闷和淡淡然的一声轻叹，“别是一番滋味在心头”。这是作者的一种自嘲，他用另一种方式表达出自己矢志不渝的爱国之情。

6 燕歌行（并序）

诵读主体

开元二十六年，客有从御史大夫张公出塞而还者，作《燕歌行》以示适，感征戍之事，因而和焉。

汉家烟尘在东北，汉将辞家破残贼。
男儿本自重横行，天子非常赐颜色。
摐金伐鼓下榆关，旌旆逶迤碣石间。
校尉羽书飞瀚海，单于猎火照狼山。
山川萧条极边土，胡骑凭陵杂风雨。
战士军前半死生，美人帐下犹歌舞！
大漠穷秋塞草腓，孤城落日斗兵稀。
身当恩遇常轻敌，力尽关山未解围。
铁衣远戍辛勤久，玉箸应啼别离后。
少妇城南欲断肠，征人蓟北空回首。
边庭飘摇那可度，绝域苍茫更何有！

杀气三时作阵云，寒声一夜传刁斗。
相看白刃血纷纷，死节从来岂顾勋？
君不见沙场征战苦，至今犹忆李将军！

知人论世

高适（704—765），字达夫，一字仲武，渤海县（今河北景县）人。高适为盛唐著名诗人，是边塞诗的领军人物，与岑参并称“高岑”，与岑参、王昌龄、王之涣合称“边塞四诗人”。安史之乱后，擢谏议大夫，后官至散骑常侍，封渤海县侯，世称高常侍，其后半生仕途通达，为唐代诗人所少有。

自唐开元十八年（730）至二十二年（734）十二月，契丹多次侵犯唐边境。开元二十一年（733）后，幽州节度使张守珪经略边事，初有战功。后来在开元二十四年（736）、二十六年（738）两次出兵均兵败，张守珪却谎报战绩。高适对此感慨很深，因此作诗加以讽刺。

阅读鉴赏

译文：

唐玄宗开元二十六年（738），有个随从主帅出塞回来的人，写了《燕歌行》诗一首给我看。我感慨于边疆战守的事，因而写了这首《燕歌行》应和他。

唐朝东北边境战事又起，将军离家前去征讨贼寇。战士们本来在战场上就所向无敌，皇帝又特别给予他们丰厚的赏赐。军队擂击金鼓，浩浩荡荡开出山海关外，旌旗连绵不断飘扬在碣石山间。校尉紧急传羽书，飞奔浩瀚之沙海，匈奴单于举猎的火光已到狼山。山河荒芜多萧条，满目凄凉到边土，胡人骑兵来势凶猛，如风雨交加。战士在前线杀得昏天黑地，不辨死生；将军们依然逍遥自在地在营帐中观赏美人歌舞！深秋季节，塞外沙漠上草木枯萎；日落时分，边城孤危，士兵越打越少。主将身受朝廷的恩宠厚遇却常常轻敌，战士筋疲力尽仍难解关山之围。身披铁甲的征夫，不知道守卫边疆多少年了，那家中的少妇自丈夫被征走后，应该一直在悲痛啼哭吧。少妇独守故乡悲苦地牵肠挂肚，征夫在边疆遥望家园空自回头。边塞战场动荡不安，哪里能够轻易归来？绝远之地尽是苍茫与荒凉。早午晚杀气腾腾、战云密布，整夜里只听到巡更的刁斗声声悲伤。战士们互看雪亮的战刀上染满了斑斑血迹；坚守节操，为国捐躯，岂是为了个人的名利功勋？你没看见拼杀在沙场战斗多惨苦，现在还在思念有勇有谋的李将军。

此首《燕歌行》堪称唐代边塞诗中的杰作。全诗以浓缩的笔墨，写了一场战役的全过程。主要揭露主将骄逸轻敌，不恤士卒，致使战事失利。全篇大体可分四段：首段八句写出师，其中前四句说战尘起于东北，将军奉命征讨，天子特赐光彩，已见恃宠而骄，为后文轻敌伏笔；后四句写出征阵容，旌旗如云，鼓角齐鸣，一路上浩浩荡荡，大模大样开赴战地，为失利时狼狈情景作反衬。第二段八句写战斗经过，其中前四句写战初敌人来势凶猛，唐军伤亡惨重，后四句说至晚已兵少力竭，不得解围。第三段八句写士兵之苦，战败后，唐军处于敌军围困中，诗中重点写此时士兵的思家之苦。末段四句总结全诗，头两句写战士在生还无望的处境下，已决心以身殉国；末两句是诗人感慨，对战士的悲惨命运深表同情。全诗气势畅达，笔力矫健，气氛悲壮淋漓，主旨深刻含蓄。全诗热烈地颂扬了士兵们的英勇爱国精神，同时严厉抨击了将领们享乐腐败和视士兵生命为儿戏的轻敌冒进，使苦与乐、庄严与无耻形成了鲜明的对比。

思考寄语

“相看白刃血纷纷，死节从来岂顾勋？”士兵们与敌人短兵相接，浴血奋战，那种视死如归的精神，岂是为了取得个人的功勋？这是军人把国家放在第一，把自己的生死置之度外的一种宣言，这是军人爱国主义的最高体现。作为学生的我们，又该用什么样的实际行动来热爱我们的祖国呢？

7 上李邕

诵读主体

大鹏一日同风起，扶摇直上九万里。
假令风歇时下来，犹能簸却沧溟水。
世人见我恒殊调，闻余大言皆冷笑。
宣父犹能畏后生，丈夫未可轻年少。

知人论世

李白的诗歌创作带有强烈的主观色彩，主要表现为侧重抒写豪迈气概和激昂情怀，很少对客观事物和具体时间做细致的描述。洒脱不羁的气质、傲视独立的人格、易于触动而又易爆发的强烈情感，形成了李白诗抒情方式的鲜明特点。他往往是喷发式的，一旦感情兴发，就毫无节制地奔涌而出，宛若天际的狂飙和喷溢的火山。他的想象奇特，常有异乎寻常的衔接，随情思流动而变化万千。

大鹏是李白诗赋中常常借以自况的意象，它既是自由的象征，又是惊世骇俗的理想和志趣的象征。开元十三年（725），青年李白出蜀漫游，在江陵遇见名道士司马承祯，司马承祯称李白“有仙风道骨，可与神游八极之表”，李白当即作《大鹏遇希有鸟赋并序》（后改为《大鹏赋》），自比为庄子《逍遥游》中的大鹏鸟。

阅读鉴赏

译文：
大鹏一日从风而起，扶摇直上九万里之高。
如果在风歇时停下来，其力量之大犹能将沧海之水簸干。
世人见我好发奇谈怪论，听了我的大言皆冷笑不已。
孔圣人还说后生可畏，大丈夫可不能轻视年轻人啊！

前四句中李白以大鹏自比。大鹏是《庄子·逍遥游》中的神鸟，传说这只神鸟很大，“不知其几千里也”，“其翼若垂天之云”，翅膀拍下水就是三千里，扶摇直上，可高达九万里。大鹏鸟是庄子哲学中自由的象征，理想的图腾。李白年轻时胸怀大志，非常自负，又深受道家哲学的影响，心中充满了浪漫的幻想和宏伟的抱负。在此诗中，他以大鹏自比，这只大鹏即使不借助风的力量，以它的翅膀一扇，也能将沧溟之水一簸而干，这里极力夸张大鹏的神力。在前四句诗中，诗人寥寥数笔就勾画出一个力簸沧海的大鹏形象——也是年轻诗人自己的形象。

诗的后四句，是诗人对李邕怠慢态度的回答：“世人”指当时的凡夫俗子，显然也包括李邕在内，因为此诗是直接给李邕的，所以措辞较为婉转，表面上只是指斥“世人”。“殊调”和“大言”，指不同凡响的言论。李白的宏大抱负常常不被世人理解，被当作“大言”来耻笑。李白显然没有料到李邕这样的名人竟与凡夫俗子一般见识，于是，就抬出圣人识拔后生的故事反唇相讥。

“宣父”指孔子，唐太宗贞观十一年（637），“诏尊孔子为宣父”（《新唐书·礼乐志》）。《论语·子罕》中说：“子曰：后生可畏。焉知来者之不如今也？”这两句意为孔老夫子尚且觉得后生可畏，你李邕难道比圣人还要高明？男子汉大丈夫千万不可轻视年轻人呀！后两句对李邕既是揶揄，又是讽刺，也是对李邕轻慢态度的回敬，态度相当桀骜，显示出少年锐气。

李邕在开元初年（713）是一位名闻海内的大名士，史载李邕：“素负美名……人间素有声称，后进不识，京洛阡陌聚观，以为古人。或传眉目有异，衣冠望风，寻访门巷。”对于这样一位名士，李白竟敢指名直斥与之抗礼，足见青年李白的气识和胆量。“不屈己，不干人”，笑傲权贵，平交王侯，正是李太白的本色。

思考寄语

《上李邕》是唐代大诗人李白青年时期的作品。此诗以雄奇的大鹏鸟自比，通过对大鹏形象的刻画与颂扬，表达了李白的凌云壮志和强烈的用世之心，对李邕瞧不起年轻人的态度非常不满，表现了李白勇于追求而且自信、不畏流俗的精神。全诗语气直率不谦，充满了初生牛犊不怕虎的锐气。希望在座的同学们也能像李白那样，不畏权贵，自尊自爱，自信自强。人骄傲总是要有资本的，李白就是有这样骄傲的资本，希望同学们奋发图强，也拥有自己引以为傲的资本。

8 公仪休嗜鱼（节选）

诵读主体

公仪休相鲁而嗜鱼，一国尽争买鱼而献之，公仪子不受。其弟子谏曰："夫子嗜鱼而不受者，何也？"对曰："夫唯嗜鱼，故不受也。夫即受鱼，必有下人之色；有下人之色，将枉于法；枉于法，则免于相。虽嗜鱼，此必不能致我鱼，我又不能自给鱼。即无受鱼而不免于相，虽嗜鱼，我能长自给鱼。"此明夫恃人不如自恃也，明于人之为己者，不如己之自为也。

知人论世

韩非（约前280—前233），又称韩非子，战国末期韩国人（今河南新郑）。师从荀子，是中国古代思想家、哲学家、政论家和散文家，法家思想的集大成者，后世称"韩子"或"韩非子"。

韩非的文章由后人收集整理编纂成《韩非子》，现存二十卷共计五十五篇，约十余万言。

公仪休，春秋初期鲁国人，由于才学优异做了鲁国宰相。他遵奉法度，按原则行事，丝毫不改变规制，因此百官的品行自然端正。他命令为官者不许和百姓争夺利益，做大官的不许占小便宜。

阅读鉴赏

译文：

公仪休在鲁国做宰相，并且特别喜欢吃鱼，国人献给他鱼，他却不肯接受。他的弟子劝他说："您喜欢吃鱼却不接受别人的鱼，这是为什么？"他回答说："我正因为爱吃鱼，所以我才不接受。如果我接受了他们献给我的鱼，我就必定要迁就于他们；迁就于他们，就必定会歪曲法律；歪曲法律就会被罢免宰相。被罢免宰相后，虽然（我）爱吃鱼，这些人不一定再送给我鱼，我又不能自己供给自己鱼。如果不收别人给的鱼，就不会被罢免宰相，尽管（我）不接受别人送给我的鱼，但我能够长期自己供给自己鱼。"这是明白了依靠别人不如依靠自己的道理啊！这是告诉人们，依靠为自己办事的人不如自己去办事。

春秋时期鲁国的宰相公仪休嗜鱼如命，无鱼不吃饭。在其上任宰相时，宾客姻戚，甚至素不相识者都买鱼送他。公仪休崇尚名节，一概予以谢绝，送鱼的人都有所望而来，扫兴而归。

公仪休爱吃鱼，可不受鱼。公仪休不徇私受贿，值得称赞。这篇文章让我们明白要自立，不能有依赖他人的心理，懂得靠别人不如靠自己的道理。

思考寄语

公仪休嗜鱼但拒鱼的故事，千百年来之所以被人们传为美谈，就是因为他能够清醒认识个人好恶与事业兴衰成败之间的关系，始终做到管住小节，抵御诱惑，秉公执法，清正廉洁。给我们深刻启示：清白做人，堂正为官。

9 南乡子·登京口北固亭有怀

诵读主体

何处望神州？满眼风光北固楼。千古兴亡多少事？悠悠。不尽长江滚滚流。

年少万兜鍪，坐断东南战未休。天下英雄谁敌手？曹刘。生子当如孙仲谋。

知人论世

辛弃疾（1140—1207），南宋词人。字幼安，别号稼轩，出生时，中原已为金兵所占，21岁参加抗金义军，不久归南宋，历任湖北、江西、湖南、福建、浙东安抚使等职。他一生力主抗金。曾上《美芹十论》与《九议》，条陈战守之策。其词抒写力图恢复国家统一的爱国热情，倾诉壮志难酬的悲愤，对当时执政者的屈辱求和颇多谴责；也有不少吟咏祖国河山的作品。题材广阔又善化用前人典故入词，风格沉雄豪迈又不乏细腻柔媚之处。

此词约作于宋宁宗嘉泰四年（1204），当时辛弃疾在镇江知府任上。镇江，在历史上曾是英雄用武和建功立业之地，此时成了与金人对垒的第二道防线。每当他登临京口（即镇江）北固亭时，触景生情，不胜感慨系之。这首词就是在这一背景下写成的。这首词委婉暗示了自己对朝廷的不满，同时也表达了自己的一腔爱国豪情。

阅读鉴赏

译文：

什么地方可以看见中原呢？在北固楼上，满眼都是美好的风光。从古到今，有多少国家兴亡大事呢？不知道，年代太长了。只有长江的水滚滚东流，奔流不息。当年孙权在青年时期，做了三军统帅。他能占据东南，坚持抗战，没有向敌人低头和屈服过。天下英雄谁是孙权的敌手呢？只有曹操和刘备而已。这样也就难怪曹操说："生下的儿子就应当如孙权一般。"

"何处望神州？满眼风光北固楼。"极目远眺，中原故土在哪里呢？哪里能够看到，映入眼帘的只有北固楼周遭一片美好的风光了！此时南宋与金以淮河分界，辛弃疾站在长江之滨的北固楼上，翘首遥望江北金兵占领区，大有风景不再、山河变色之感。于是词人不禁产生了千古兴亡之感，自然引出下文。

"千古兴亡多少事？"这句问语纵观千古成败，意味深长，回味无穷。然而，往事悠悠，英雄往矣，只有这无尽的江水依旧滚滚东流。"悠悠"者，兼指时间之漫长久远，和词人思绪之无穷也。当年，在这江防战略要地，多少英雄"金戈铁马"，"气吞万里如虎"。三国时代的孙权就是其中最杰出的一位。"年少万兜鍪，坐断东南战未休。"他年纪轻轻就统率千军万马，雄踞东南一隅，奋发自强，战斗不息，何等英雄气概！作者在这里一是突出了孙权的年少有为，二是突出了孙权的盖世武功，而他之"坐断东南"的形势与南宋政权相似。显然，稼轩热情歌颂孙权的不畏强敌，坚决抵抗，并战而胜之，正是反衬当朝文武之辈的庸碌无能、懦怯苟安。

接下来，辛弃疾不惜以夸张之笔极力渲染孙权不可一世的英姿。他异乎寻常地第三次发问，以提醒人们注意："天下英雄谁敌手？"作者自答："曹刘。"据载，曹操曾对刘备说："今天下英雄，惟使君与操耳。"辛弃疾借用此典，意在说明只有像曹操、刘备那样的英雄，才能与孙权一决高低。其实，暗示了只有孙权才是天下第一英雄。词人赞赏孙权，就是要借此凭吊千古英雄之名，感叹如今南宋没有像孙权这样的人来扭转乾坤。

于是，词人末句写道："生子当如孙仲谋。"据有关资料记载，曹操有一次与孙权对垒，见孙权仪表堂堂，气度不凡，于是感叹说："生子当如孙仲谋，若刘景升儿子，豚犬耳。"意思是说，生儿子应该像孙权一样，而刘景升的儿子就像猪狗一样。我们从词人用这一典故来看，希望南宋有如孙权那样的有志之士。其实，这也暗示了自己就如孙权一样，有奋发图强、收复失地的伟大理想。当然，也暗示了自己对南宋朝廷主和派的愤恨。

思考寄语

风雨飘摇的南宋王朝，让多少诗人豪情万丈，柔肠百结。例如李清照的"生当作人杰，死亦为鬼雄"；陆游的"王师北定中原日，家祭无忘告乃翁"；文天祥的"人生自古谁无死，留取丹心照汗青"。南宋虽懦弱，但诗人不沉默。千年历史千年诗，一寸山河一寸心，英雄装点了历史，历史铭记着英雄。

10 心有一团火，温暖众人心

诵读主体

初冬的早晨，寒气袭人。我们随着熙熙攘攘的人流，走进百货大楼。

嗬，糖果组的柜台前好热闹！人们拥挤在柜台前，看一位戴着劳动模范胸章的老售货员卖糖果。他站在柜台里的那股精神劲儿，售货动作的迅速劲儿，接待顾客的热情劲儿，像一团火一样，把大家深深地吸引住了。顾客们悄悄议论道：

“他就是劳动模范张秉贵！”

“你瞧他拿糖，一抓就准。”

“他卖得真快，又那么热情，让人心里暖乎乎的。”

一位抱小孩的女顾客来买糖，还没轮到她买，孩子就哭闹起来，嚷着要吃糖。只见张秉贵从货柜里拿起一块糖，放到孩子手里，孩子顿时止住了哭声。老张又对这位顾客说：“这块糖等会儿一块算账。”她感激地点点头。过了一会儿，轮到她买糖时，老张从称好的糖果中拿出一块放回货柜里，又拿出几块用小纸袋装好，塞进孩子的衣兜里，把剩下的糖果包捆结实递给顾客，嘱咐道：“孩子兜里的糖，留他路上吃。”这位顾客激动地对孩子说：“快谢谢爷爷！”孩子天真而又亲昵地叫了声：“爷爷！”周围的顾客不约而同地笑起来，赞扬张秉贵比当妈妈的想得还周到。人们常用体贴入微来形容张秉贵的服务态度。糖果组的柜台前，还发生过这样一件事：有一次，张秉贵在卖糖时，发现排在队尾的一位顾客，一会儿看看手表，一会儿又抬头看看墙上的电钟，神色不安。他忙问这位顾客：“您有什么急事吗？”“我急着赶火车，再有半小时就开了，可我又想买点首都的糖果……”老张立即征得前面顾客的同意，很快给他称完糖，又告诉他应该在哪儿坐车去火车站。他连声道谢。老张说：“你要谢就谢大家，这是同志们的支持。”

张秉贵22年来，没有对顾客发过一次火、红过一次脸，态度总是那么和蔼可亲。有人问，难道张秉贵从来没遇到过不讲理的个别顾客？张秉贵说：“我们为人民服务，就要完全彻底，遇到个别顾客冷，绝不能以冷对冷，而要以热对冷，变冷为热。”一天中午，商店里的人不多，一位女顾客气呼呼地来到糖果柜台前，张秉贵满面笑容地问她：

"同志，您想买点儿什么糖？"

"不买，难道不能看看吗？"

说完，这位顾客连看都不看张秉贵一眼，绷着脸从中间柜台向东头柜台走。张秉贵也随着她向柜台东头走去，边走边想：她准是遇到了什么不顺心的事，越是这样，我越是要热情接待她。张秉贵一边走，一边还是那样和颜悦色地说："最近从上海来了几种新糖果，味道还不错，您想看看吗？我向您介绍一下……"顾客被张秉贵那火一般的热情感动了，她抱歉地说："刚才我冲您发火，您没见怪吧，我那孩子不吃饭就去游泳，气得我真想揍他。您瞧，刚进大楼那阵儿，我的气还没消呢！"

"您教育孩子是应该的，可要注意方法，不能打孩子。"

"您的服务态度真好，我无缘无故向您发火，您还这样耐心做我的思想工作……"

打这以后，这位顾客每次来百货大楼，都要到糖果柜台前来看望老张。

张秉贵服务态度这样好，有人问他："难道你自己就没有过不顺心的事吗？"张秉贵回答："一个人哪能事事如意？不过，我们售货员一进柜台，就要像解放军战士进入战斗岗位那样，把自己的事情放一边，全神贯注地去为人民服务。"1970年9月，张秉贵老两口最心爱的唯一的女儿得了重病，日夜说着胡话。张秉贵心神不定，坐卧不安。他把女儿送进了医院，在上班的路上，边走边想：我是人民的售货员，每天都要接待几百个顾客，自己遇上了不顺心的事儿，绝不能让顾客不顺心。于是，他用最大的毅力克制住内心的焦虑，像往常一样精神抖擞地走进了柜台，满面笑容地接待顾客。

张秉贵今年59岁，出身贫农家庭，从10岁起就在资本家的工厂当童工，17岁到私营的德昌厚食品店学徒，受尽了剥削阶级的压迫和凌辱。中华人民共和国成立后，他翻了身，打心眼儿里感谢党和毛主席。1955年他刚到百货大楼时，认为只要为商店多销货、多卖钱，就是做好了本职工作，报答了党的恩情，因此他比较注意抓大号买卖。一次，有位农民顾客来买两块桃酥，张秉贵光照顾买得多的顾客，让这位顾客等了很长时间。顾客生气地质问他："你是不是嫌我买得少，看不起我？"这件事深深地触动了张秉贵。党支部书记找他谈心，对他说："过去资本家做买卖，唯一的目的是赚钱。我们社会主义商店做买卖，首先要为人民服务好。"

没过多久，张秉贵在柜台上遇到一件事，使他受到更深刻的教育。一次，有位面带病容的女顾客来买糕点，她对张秉贵说："我身体不好，一吃甜的就腻，你能帮助选择几种适合我吃的点心吗？"张秉贵详细地介绍了各种糕点的味道，最后帮她挑了些略带咸味的鸡油芝麻饼和牛舌饼。顾客感激地说：“你们的服务态度真好！”几天后，这位女顾客又来到柜台前，把一大包枣和梨放在柜台上，说：“这是我家乡出产的水果，特意送来让你们尝尝。”张秉贵急忙摆手谢绝，可是顾客已经跑出门了。夜里，张秉贵翻来覆去睡不着觉。他在德昌厚当伙计时遇到的一件事，又浮现在眼前。一个国民党兵痞来吃冰激凌，因为等了一会儿，就发起火来，一拳打在张秉贵的心口上，还恶狠狠地骂：“看你还敢把老子当生西瓜‘蹲’起来！”那时候啊，张秉贵有气往肚里咽，有泪朝心里流，挨了打，还要装出一副笑脸赔不是。忆往昔，看今天，他默默地想，现在我刚为人民做一点儿事，他们就把我当亲人相待，我还有什么理由不全心全意为人民服务！1958年他入党后，想了又想，一个共产党员到底图什么？图的就是多为人民服务！

张秉贵常说：“我们售货员要用全心全意为人民服务的一团火，来温暖人民群众，使他们不仅在商店里感到热乎乎的，回到家里热乎乎的，走上工作岗位还要热乎乎的，激发出更大的革命干劲儿，投入社会主义建设，这才算我们对革命事业有了一点儿贡献。”为了当好顾客的参谋，他不知费了多少心血去熟悉自己柜台里的商品。公休日，他到糖果厂去参观访问，了解糖果的制作过程；下班后，他又到医院向医生学习各种糖果的营养知识；卖糖果时，他虚心向爱吃糖的顾客了解各种人吃糖的习惯和各种糖果的味道。几年来，他还自己花钱买了230多种糖果来品尝，并请同柜台的售货员一起尝。经过刻苦钻研，张秉贵的商品知识十分丰富，为群众服务也有更多的主动权了。遇到患肝炎的顾客，老张就介绍买糖分多、对治肝病有好处的水果糖；遇到患气管炎的顾客，他就介绍买冰糖；对消化不良的顾客，他又请顾客买柠檬糖和橘子糖……在售货中，他严格要求自己，做到了顾客买与不买一个样，买多买少一个样，生人熟人一个样，大人孩子一个样。

人们用“主动、热情、诚恳、耐心、周到”这10个字，来赞扬张秉贵的服务态度。每天，老张从早晨穿上工作服进入柜台，到晚上送走最后一位顾客，每分钟都是全力以赴。你看，他在柜台里，眼、耳、口、手、脚、脑这6部“机器”同时开动，他抬头售货，及时发现需要照顾的老弱病残顾客，随时倾听顾客的要求和意见，不断解答顾客的询问，还要不停地拿糖、过磅、包包、打捆，同时用心算代替算盘。在柜台里，他三步并作两步走，一点儿不知累，可晚上下班后，他就感到有些支持不住，有时连上楼还要扶着墙。

张秉贵用自己心中的一团火温暖人民群众，赢得了广大顾客的爱戴和尊敬。有时，当他累得额头渗满汗珠，顾客就按住秤盘说：“老同志，您先擦擦汗！”后边的也嚷道：“您喝口水，歇会儿再卖！”当他端起缸子匆忙地喝着水，又有人对他说：“您喝足了，我们多等会儿没关系……”这些热情的话，像一股股清泉涌进张秉贵的心田，他感到自己的心和顾客的心紧紧地贴在一起了。不久前的一天，张秉贵去东风市场一家饭馆吃夜宵。这里已经座无虚席，他买了一盘炒面站着吃起来。突然，厨房里有位大师傅，举着凳子一边吆喝着闪道，一边朝他走来。人没到话先到了：“您是百货大楼卖糖的那个老同志吧，我在您那儿买过糖，快坐下来吃！您这么大岁数了，站一天柜台，够呛啊，该歇歇了。”说着把凳子放在张秉贵的身后，张秉贵不由得眼里有些湿润了。他又一次感到：在我们的社会主义祖国，只有低人一等的思想，绝没有低人一等的工作！商业、服务业既是平凡的工作，又是光荣的岗位，是伟大的社会主义事业的重要组成部分。

张秉贵为革命站柜台的先进事迹广为传颂，多年来受到全国各地人民群众的赞扬，1977年以来就收到200多封热情洋溢的信件。新疆博尔塔拉蒙古自治州第三中学的10名学生写道：“张伯伯，我们要像您一样，做革命的螺丝钉，党把我们拧在哪里，就在哪里闪闪发光！”辽宁省阜新矿务局高德煤矿三八掘进队的女队长写道：“我要像您一样热爱自己的工作，宁让煤尘沾满脸，不让资产阶级思想沾半点！”一位路过北京的青年农民，晚上住在旅馆，从收音机里听到张秉贵的先进事迹后，久久不能入睡。他从床上爬起来，披起衣服伏在灯下，给张秉贵写了一首充满激情的诗：

您那感人肺腑的事迹，
使我心中仿佛升起了一团火。
……
请收下我这青年社员当徒弟，
到了那金色的季节，
在您笑迎顾客的同时，
我正坐上喜送公粮的大车！

知人论世

1977年，是“文化大革命”结束以后的第一年，百废待兴。林为民将全国劳动模范张秉贵的事迹加以整理，写成了一篇新闻作品——《心有一团火，温暖众人心》，刊载在1977年12月24日的《北京日报》上，供全国人民学习。

张秉贵，1918年出生于北京，11岁时到纺织厂当童工，17岁到北京一家杂货店当学徒。中华人民共和国成立的50年代初，即将开业的北京百货大楼招聘营业员，已经36岁的张秉贵因有“多年的经商经验”被破格录取，当上“新中国第一店”的售货员。他从1955年11月到百货大楼站柜台，30多年的时间接待顾客近400万人次，没有跟顾客红过一次脸、吵过一次嘴，没有怠慢过任何一个人。他苦练售货技术和心算法，练就了令人称奇的“一抓准”“一口清”技艺。1957年，被评为北京市劳动模范；1979年，被国务院授予全国劳动模范称号，多次被授予优秀共产党员称号，当选为党的十一大代表，第五、第六届全国人大代表和常委。北京有燕京八景，张秉贵售货被称为“燕京第九景”。1987年，张秉贵因病医治无效，在北京去世，享年69岁；1988年，北京市百货大楼在大门广场处为其竖立半身铜像至今，陈云同志亲笔为其题词：“一团火”精神光耀神州。2009年，张秉贵被评为“100位新中国成立以来感动中国人物”之一。

阅读鉴赏

文章可分为三个部分。

第一部分：张秉贵的“一团火”品格的表现。人们用“主动、热情、诚恳、耐心、周到”这十个字来赞扬张秉贵的服务态度。

第二部分：张秉贵的“一团火”品格的成长。文章主要通过以下事迹来进行阐述。①张秉贵用糖哄哭闹的小孩，表现了他的耐心细致、周到体贴。②张秉贵给要赶火车的顾客提前称糖并悉心指路，表现了他体贴入微、急人所急、解人所难的品质。③张秉贵接待了气呼呼的女顾客，表现了他的热情大度、主动耐心、和蔼亲切。④张秉贵的女儿生病，却依旧没有影响他的服务态度，表现了他的隐忍克制、爱岗敬业、公私分明。⑤张秉贵光照顾买得多的顾客而被买得少的顾客质问后受到触动，表现了他自我反省、不断成长的品质。⑥张秉贵忆往昔被兵痞打，今天却收到女顾客的水果而感慨不已，表现了他懂得感恩、乐于奉献的品质。⑦张秉贵通过多种渠道丰富自己的商品知识，当好顾客的参谋，表现了他主动求知、严于律己、视“为人民服务”为服务宗旨的品质。⑧张秉贵去吃夜宵，因座无虚席，厨房大师傅特意给他拿凳子而受启发，表现了他善于剖析小事、思想觉悟高。总而言之，张秉贵是一位热情体贴、细致周到、诚恳耐心的优秀老售货员。

第三部分：张秉贵的“一团火”品格的影响。文章以一位路过北京的青年农民的诗歌结尾，突出表现了张秉贵的“一团火”精神感动了很多人，正在发挥着它的巨大作用，因而显示了“一团火”精神的崇高可贵。

思考寄语

张秉贵为全社会展现了什么是“工匠精神”，什么是“全心全意为人民服务”的崇高思想境界，他的这种“心有一团火，温暖万人心”的品格和精神应作为一种文化和传统不断传承与发扬。我们应该永远牢记这位杰出的劳动模范，像他那样爱岗敬业，像他那样刻苦勤奋，像他那样满腔热情，像他那样助人为乐！

11 范仲淹教子

诵读主体

孝道当竭力，忠勇表丹诚；
兄弟互相助，慈悲无过境。
勤读圣贤书，尊师如重亲；
礼义勿疏狂，逊让敦睦邻。
敬长与怀幼，怜恤孤寡贫；
谦恭尚廉洁，绝戒骄傲情。
字纸莫乱废，须报五谷恩；
作事循天理，博爱惜生灵。
处世行八德，修身率祖神；
儿孙坚心守，成家种善根。

知人论世

范仲淹（989—1052），字希文，唐宰相范履冰之后。北宋著名的政治家、思想家、军事家和文学家，祖籍邠州，后迁居苏州吴县。他为政清廉，体恤民情，刚直不阿，力主改革，屡遭奸佞诬谤，数度被贬。皇祐四年（1052）5月20日，病逝于徐州，终年64岁。是年12月葬于河南洛阳东南万安山，去世后被封为魏国公，有《范文正文集》传世。他的文学素养很高，著名的《岳阳楼记》中“先天下之忧而忧，后天下之乐而乐”为他的千古名句。

阅读鉴赏

译文：

尽孝道当竭尽全力，忠诚勇敢怀有赤诚之心；兄弟姐妹互相帮助，要知慈悲是没有度量，没有尽头。勤奋学习研读圣贤书，像敬重父母一样尊敬师长；懂礼仪知谦让，切勿疏忽轻狂，谦逊忍让、态度宽厚和善，邻里方和睦。尊敬长辈、关怀幼小，体恤鳏寡孤独与弱势群体；谦恭廉明，戒骄戒躁，才能树立威信，为人信服。

要知勤俭节约过生活，常怀感恩心；能够顺应天理、慈悲为怀，才能广种资粮，普利群荫。处世“八德”是准则，后世应当谨遵前人教诲；以家训为戒，才能发扬祖业，有所作为。

这首《家训百字铭》以朴实无华、言简意赅的文字，总结出立身处世、持家治业的要点。“书到用时方恨少”，如果我们平时能够勤学苦练，一旦真正用到知识的时候，才不会惊慌失措。范仲淹在年轻时一度连夜苦读，凌晨舞一通剑，半夜和衣而眠。别人看花赏月，他只在书中寻乐，所以，读书很重要，尊敬师长更重要，我们要像敬重父母一样尊敬师长，遵守礼仪、谦逊忍让是做人的基本准则。

思考寄语

俗话说“富不过三代”，但范公后世家族却兴旺了八百年！范家的子女均德才兼备，聪颖非凡，不但贵为公卿，且能遵乃父舍财济世之风，其后代子孙在朝为官者亦屡出不绝，这都得自范公的庇荫。为人父母，总想把最好的东西留给子女，其实不管给其多少财物都是身外之物，只有教其崇德向善，才是为子女长远打算，因为德是做人最根本、最美好的东西，是一切福分的源泉，是留给孩子最可靠的财富。

12 可染画牛探踪

诵读主体

李可染画牛，始于40年代初。1942年，他蛰居重庆金刚坡下的一户农家，睡房挨着牛棚，他和一只水牛天天见面，看它吃草、挤奶，终日劳作。到了晚上，牛的喘息声、反刍声、搔痒声常常使人夜不能寐。于是他挑灯起床，对牛作画。李可染画的牛，极富生活情趣，他能把牛的形状、比例、动态掌握得恰到好处，更能把牛的朴实无华的性格和充满泥土味的特色惟妙惟肖地刻画出来。他曾在画作《五牛图》上题字道："牛也，力大无穷，俯首孺子而不逞强。终生劳瘁，事人而安不居功。纯良温驯，时亦强犟，稳步向前，足不踏空，形容无华，气宇轩昂，吾崇其性，爱其形，故屡屡不厌写之。"爱牛之心跃然纸上。

画品即人品，李可染后期的牧牛图，更升华为一种对牛的精神的理解，这精神也是画家本人做人、作艺的准绳。

知人论世

李可染（1907—1989），江苏徐州人，中国近代著名画家、诗人，齐白石的弟子。曾任中国美术家协会副主席、中国画研究院院长。擅长画山水、人物，尤其擅长画牛。他提出"采一炼十"的主张，即采矿是艰辛的，冶炼更加需要付出十倍百倍的劳动，真正的艺术创造必须兼有采矿工人和冶炼家双重的艰辛和勤奋。

阅读鉴赏

李可染除以山水画名震中外画坛外，还非常喜欢画牛。他画的牧牛图形神兼备，意境清新美妙，充满生趣和诗意。牛，是李可染先生一生喜爱描绘的对象。从20世纪40年代开始，一直到生命结束，他都在不断地画牛。为什么他这么喜欢画牛呢？李可染画牛的意义在于他终生以牛为"师"，"师牛堂"是他最常用的堂号。他一直以牛的精神自勉，用牛一般坚韧苦学的精神默默耕耘于艺坛，终于成为一位开宗立派的山水画大师。这也是他生活中所见的、最平凡也最有牧歌情调的景象。

著名美术评论家郎绍君先生对李可染的耕牛评价极高：“各式各样的耕牛图都造型严谨、笔墨精练、极富情趣。透露出画家未泯的童心和对诗意田园生活的向往。”李可染曾在一幅《九牛图》中题道：“水牛水牛你最可爱，你有中国作风、中国气派，坚毅雄浑，无私拓大……你角大如虹，腹大如海，脚踏实地而神游天外……”牛的作风、品性，正是大师一生艺术创作的真实写照，《九牛图》不但有自抒胸襟之意，更从画面中表达出中华民族像牛一样浑厚博大的精神力量。

思考寄语

“默默耕耘，甘于奉献”，牛的美德亦即人的美德。李可染画牛、爱牛，这种执着的追求、刻苦的钻研值得我们学习。

13 旅行使我们谦虚

诵读主体

由于工作的关系，常常旅行。旅行比居家的时候辛苦，这是不消说的。中国有句古话——在家千日好，出门一时难，说的就是这份不易。但时间长了，待在家里，筋骨锈了，就会生出一份隐隐的焦灼，迫不及待地想到外面走走。

……

旅行使我们谦虚。飞驰的速度，变换的风景，奇异的遭遇，萍逢的客人……这一切旅途中可能发生的事件，强烈地超出了我们已知的范畴，以一种陌生和挑战的姿态，敦促我们警醒，唤起我们好奇。在我们被琐碎磨损的生命里，张扬起绿色的旗帜。在我们刻板疲惫的生活中，注入新鲜的活力。

久久的蜗居，易使我们的视野狭小，胸怀仄斜，肌力减弱，肺廓扁平……

这个时候，收拾好行囊，告辞了亲人，踏上旅途吧。

珍惜旅途吧。火车上那些不眠的夜晚，凭窗而立，看铁轨旁一盏盏路灯，闪着紫蓝色的光芒，瞬忽而逝，许多记忆幽灵般地复活了。

人们常常在旅途中，猛地想起湮灭许久的往事，忆起许多故人的音容笑貌。好像旅行是一种溶剂，融化了尘封的盖子，如烟的温情就升腾出来了。

……

旅途也有困厄和风雨，艰难和险恶。但是，这不会阻止真正的旅行者的脚步。旅行正是以一种充满未知的魅力，激起人们不倦的向往。

知人论世

毕淑敏，1952年10月出生于新疆伊宁，中共党员，国家一级作家，内科主治医师，北京作家协会副主席，北京师范大学文学硕士，心理学博士方向课程结业，注册心理咨询师。

1969年入伍，在喜马拉雅山、冈底斯山、喀喇昆仑山交会的西藏阿里高原部队当兵11年，历任卫生员、助理军医、军医等。从事医学工作20年后，开始专业写作，1989年加入中国作家协会。2007年，毕淑敏以365万元的版税收入，荣登“2007第二届中国作家富豪榜”第14位，引发广泛关注。著有《毕淑敏文集》十二卷，长篇小说《红处方》《血玲珑》《女心理师》《鲜花手术》等畅销书。她的《学会看病》选入小学语文课本（人教版，5年级上册）。

毕淑敏曾获庄重文文学奖，《小说月报》第四、第五、第六届百花奖，当代文学奖，陈伯吹文学大奖，北京文学奖，昆仑文学奖，解放军文艺奖，青年文学奖，台湾第16届《中国时报》文学奖，台湾第17届《联合报》文学奖等各种文学奖30余次。

阅读鉴赏

这篇节选散文，作者有了超越旅游之上的思考，在写旅行的同时，更注重挖掘旅行的内涵，那就是旅行让我们更谦虚，这一新奇的视角与立意，形成一种内驱力，让读者饶有兴趣地看下去，领略到旅游的真正含义。

“仰观宇宙之大，俯察品类之盛，所以游目骋怀，足以极视听之娱，信可乐也。”旅游更多地给予我们品格与襟怀、智慧与明达。一个经常旅游的人，会有广博的知识、坚强的性格、不挠的毅力。

思考寄语

旅行让我们更加豁达。经常在旅行中，突然有着对生命的感悟，或是对困扰已久的疑惑豁然开朗。旅行不单纯是身体的移动，更重要的是带着自己的灵魂。有人说，保持青春最好的方法就是永远保持一颗好奇心，旅行使人放空自己，甩掉蝜蝂背物的重压，拥有归来仍是少年的心态。

14 善良·丰富·高贵

诵读主体

如果我是一个从前的哲人，来到今天的世界，我会最怀念什么？一定是这六个字：善良，丰富，高贵。

……

善良，生命对生命的同情，多么普通的品质，今天仿佛成了稀有之物。中外哲人都认为，同情是人与兽的区别的开端，是人类全部道德的基础。没有同情，人就不是人，社会就不是人待的地方。人是怎么沦为兽的？就是从同情心的麻木和死灭开始的，由此下去可以干一切坏事，成为法西斯，成为恐怖主义者。善良是区分好人与坏人的最初界限，也是最后界限。

看到今天许多人以满足物质欲望为人生唯一目标，全部生活由赚钱和花钱两件事组成，我为人们的心灵的贫乏感到震惊，于是我怀念丰富。

丰富，人的精神能力的生长、开花和结果，上天赐给万物之灵的最高享受，为什么人们弃之如敝屣呢？中外哲人都认为，丰富的心灵是幸福的真正源泉，精神的快乐远远高于肉体的快乐……那些永远折腾在功利世界上的人，那些从来不谙思考、阅读、独处、艺术欣赏、精神创造等心灵快乐的人，他们是怎样辜负了上天的赐予啊！不管他们多么有钱，他们是度过了怎样贫穷的一生啊！

看到有些人为了获取金钱和权力毫无廉耻，可以干任何出卖自己尊严的事，然后又依仗所获取的金钱和权力毫无顾忌，肆意凌辱他人的尊严，我为这些人的灵魂的卑鄙感到震惊，于是我怀念高贵。

高贵，曾经是许多时代最看重的价值，被看得比生命还重要，现在似乎很少有人提起了。中外哲人都认为，人要有做人的尊严，要有做人的基本原则，在任何情况下都不可违背，如果违背，就意味着不把自己当人了……

我听见一切世代的哲人在向今天的人们呼唤：人啊，你要有善良的心，丰富的心灵，高贵的灵魂，这样你才无愧于人的称号，你才是作为真正的人在世间生活。

善良，丰富，高贵——令人怀念的品质，人之为人的品质，我期待今天更多的人拥有它们。

知人论世

周国平，1945年生于上海。1968年毕业于北京大学哲学系，1981年毕业于中国社会科学院研究生院哲学系。中国社会科学院哲学研究所研究员，西南政法大学教授。著有学术专著《尼采：在世纪的转折点上》(1986)，散文集《守望的距离》(1996)、《各自的朝圣路》(1999)、《安静》(2002)、《善良·丰富·高贵》(2007)，纪实作品《妞妞：一个父亲的札记》(1996)、《岁月与性情——我的心灵自传》(2004)等。

阅读鉴赏

节选的这篇散文，标题新颖，以三个并列词语作标题，并以间隔号隔开，在表现形式上别具一格，能吸引读者的注意；文章的标题概括了文章的主要内容，也揭示了文章的主题："善良、丰富、高贵"是令人怀念的品质。本文思路清晰，结构严谨，以"总—分—总"的思路来写，先总写最怀念六个字——善良、丰富、高贵，然后具体分析怀念的原因，最后发出呼唤，揭示主题，充满了理性与睿智。

善良、丰富、高贵是三朵美德之花，应该长久地盛开在人们的思想园地里。萧伯纳说过，善良与品德兼备，犹如宝石之于金属，两者互为衬托，益增光彩。人越是生活丰富的，越能取一定的距离来看生活；唯有精神生活丰富的人，才能品尝来自自然的纯真的生命喜悦。总之，丰富的心灵，应该充满了正义和勇气，能以强韧的身体去冲破任何惊涛骇浪，能以高贵的精神战胜琐屑、空虚和平庸。

思考寄语

由当今社会中种种不良现象看到人心的冷漠，交代怀念善良的原因；由许多生活在功利世界中的人，给出怀念丰富的原因；由出卖尊严、凌辱他人的卑劣行径，自然怀念起高贵。我们期待更多的人拥有善良的心，丰富的心灵，高贵的灵魂，立德树人，这样才无愧于人的称号。

15 既敦又煌，莫与之高（节选）

诵读主体

……

莫高窟为什么能够成为千古绝唱，原因有千万条，但有几点是肯定的，那就是建造者不怕困难不畏牺牲的理想主义精神和无我无求献身事业的生命姿态。

除此之外，他们还把价值观和方法论做到了完美结合，把形而上和形而下做到了完美结合，把外来文化和本土文明做到了完美结合，把传播教义和接受美学做到了完美结合，把书法美术和建筑雕塑做到了完美结合，把自然天成和人工巧制做到了完美结合。他们在寻找能够穿越时空、民族、文明、文化的最大公约数。北魏的高大威猛，隋朝的华丽柔美，唐朝的豪迈大气，作为每个时代的审美优点，被充分放大。

参观完莫高窟，仰视着嵌入蓝天被丝丝白云装点的红褐色九层楼，我的脑海里突然产生了“既敦又煌，莫与之高”的句子，发在朋友圈，创下了点赞的纪录，它让我想到了“敦煌”二字的会意。

“敦”是古食器，在祭祀和宴会时盛放黍、稷、稻、粱等作物用，象征着富足和丰殷；“煌”是大批跟随者点燃的火炬或篝火，象征着温暖和光明。

无论哪个国家，哪个民族，在对“富足和丰殷”“温暖和光明”的追求上都是一致的，于此，再来理解“人类命运共同体”的“共”和“一带一路”的“一”，就有陡然让人一震的深邃意味。设若人类能够找到并遵守价值观的“共”，方法论的“一”，生存自然会“敦”，生活自然会“煌”，生命自然会“高”。

无疑，这是人类“莫与之高”的理想。

这也许是千百年前，先人们留在这条河西走廊的隐喻。

由此，我在想，斯坦因等探险家为什么对莫高窟藏经和壁画如此着迷，也许有着他们潜意识深处的渴望，那就是这些经卷和壁画无一例外地散发出的仁爱、包容、奉献、牺牲、清净、平等、觉悟、自由、和平、大同的光芒和芬芳。

由此，我在想，叶舟等著名作家为什么要倾注一生的心血书写她，把大敦煌之歌唱遍大江南北，甚至在大雪封山的除夕之夜也要守候在她的身旁，除了神性、诗性、母性，我找不到更好的答案。

由此，我在想，由敦煌市宣传部长贺万辉先生亲自安排，19日晚在敦煌图书馆召开的读者见面会，读者们那种纯粹、干净、真诚的目光，还有主持人敦煌图书馆副馆长方健荣先生的逼人谦光，让人不禁想，站在眼前的他，也许是某朝某代千佛洞里的哪位得道高僧换了身现代服装站在这里。为此，当我怀着无比崇敬的心情，把中华书局出版的精装七卷本文集题赠敦煌图书馆寄他们收存时，我想到阿来先生那天的演讲主题“河西走廊是我的课堂”，那么，敦煌呢？

知人论世

郭文斌，宁夏作家协会主席，中国作家协会委员，全国宣传文化系统“四个一批”人才，享受国务院政府特殊津贴，被宁夏回族自治区党委、政府授予“塞上英才”称号，被评为“60年感动宁夏人物”。著有《寻找安详》《农历》等十余部作品。短篇小说《吉祥如意》先后获人民文学奖、小说选刊奖、鲁迅文学奖。为央视540集纪录片《记住乡愁》做文字统筹、撰稿、策划。提出安详生活观、安全阅读观、底线出版观、祝福性文学观；受邀到北京师范大学、北京大学、清华大学、复旦大学等高校及多省市演讲，受到欢迎。

阅读鉴赏

这篇节选散文充分彰显了思维之美、文化之美以及人性之美。结尾惊天一问，留给读者无限的想象空间。

节选部分的六个“结合”，涉及的领域相当广泛，却又那么和谐统一，收放自如，体现出作者睿智的思考，无不体现辩证法的哲学思想。所谓哲学，最基本的解释就是大智慧、大学问。作者的思考沿着哲学的角度，能透过莫高窟景物的现象触摸到现象背后的本质，开拓了人们的思维，开创了新的视角。

“敦”“煌”文化，既体现出先民的智慧，又能联系当今世界“命运共同体”的格局，思接千载，以文化人，因此也跨越了国界。敦煌文化既是中国的，又是世界的。敦煌在中国，敦煌文化在世界。那么，作者联想到斯坦因等探险家、叶舟等著名作家就水到渠成了。

人性之美还使得这篇文章熠熠生辉。不管是敦煌市宣传部部长贺万辉先生，还是敦煌图书馆副馆长方健荣先生，他们身上共同折射出人性美的光辉，犹如沈从文笔下的湘西“边城”，那么纯粹、质朴，如春风吹彻着读者的心灵。

节选文字的背后，能感受作者对敦煌以及敦煌文化的无比热爱与崇敬。这也不由得让人想起敦煌女儿——樊锦诗，她守护国宝41年，从青春少女到满头华发，用41年的守望告诉世人，她无愧于敦煌，敦煌需要她。

思考寄语

敦煌文化里，有亘古的壁画与散花的飞天，有神秘的莫高窟与如花的榆林窟，有梵文、窣利文、巴利文，有绵长的曲子词与佛系的偈曲，还有通俗的云谣集与平白的变文，这一切，成就了民族华彩，沉淀着敦煌的亘古记忆。敦煌学所包含的内容是极其广泛的，现在世界上有几十个国家或地区的学者在研究这门学问，我们应该走进敦煌文化，传播敦煌文化。

16 春 望

诵读主体

国破山河在，城春草木深。
感时花溅泪，恨别鸟惊心。
烽火连三月，家书抵万金。
白头搔更短，浑欲不胜簪。

知人论世

杜甫（712—770），字子美，自号少陵野老，河南巩县（今河南巩义）人。唐代伟大的现实主义诗人，与李白合称“李杜”。为了与另两位诗人李商隐与杜牧即“小李杜”区别，杜甫与李白又合称“大李杜”，杜甫也常被称为“老杜”。

杜甫在中国古典诗歌中的影响非常深远，被后人称为“诗圣”，他的诗被称为“诗史”。后世称其杜拾遗、杜工部，也称他杜少陵、杜草堂。杜甫创作了《春望》《北征》《三吏》《三别》等名作。杜甫的思想核心是儒家的仁政思想，他有“致君尧舜上，再使风俗淳”的宏伟抱负。杜甫虽然在世时名声并不显赫，但后来声名远播，对中国文学和日本文学都产生了深远的影响。杜甫共有约1500首诗歌被保留了下来，大多集于《杜工部集》。

阅读鉴赏

天宝十四年（755）十一月，安禄山起兵叛唐。次年六月，叛军攻陷潼关，唐玄宗匆忙逃往四川。七月，太子李亨即位于灵武（今属宁夏），世称肃宗，改元至德。杜甫闻讯，即将家属安顿在鄜州，只身一人投奔肃宗朝廷，结果不幸在途中被叛军俘获，解送至长安，后因官职卑微才未被囚禁。至德二年（757）春，身处沦陷区的杜甫目睹了长安城一片萧条零落的景象，百感交集，便写下了这首传诵千古的名作。这首诗的前四句写春日长安凄惨破败的景象，饱含着兴衰感慨；后四句写诗人挂念亲人、心系国事的情怀，充溢着凄苦哀思。这首诗格律严整，颔联以“感时花溅泪”应首联国破之叹，以“恨别鸟惊心”应颈联思家之忧，尾联则强调忧思之深导致发白而稀疏，对仗精巧，声情悲壮，表现了诗人爱国之情。

“国破山河在，城春草木深。”诗篇一开头描写了春望所见：山河依旧，可是国都已经沦陷，城池也在战火中残破不堪了，乱草丛生，林木荒芜。诗人记忆中昔日长安的春天是何等繁华，鸟语花香，飞絮弥漫，烟柳明媚，游人迤逦，可是那种景象今日已经荡然无存了。一个“破”字使人触目惊心，继而一个“深”字又令人满目凄然。诗人写今日景物，实为抒发人去物非的历史感，将感情寄寓于物，借助景物反托情感，为全诗创造了一种荒凉凄惨的气氛。“国破”和“城春”两个截然相反的意象，同时存在并形成强烈的反差。“城春”当指春天花草树木繁盛茂密，烟景明丽的季节，可是由于“国破”，国家衰败，国都沦陷而失去了春天的光彩，留下的只是颓垣残壁，只是“草木深”。“草木深”三字意味深沉，表示长安城里已不是市容整洁、井然有序，而是荒芜破败，人烟稀少，草木杂生。这里，诗人睹物伤感，表现了强烈的黍离之悲。

“感时花溅泪，恨别鸟惊心。”花无情而有泪，鸟无恨而惊心，花鸟是因人而具有了怨恨之情。春天的花儿原本娇艳明媚，香气迷人；春天的鸟儿应该欢呼雀跃，唱着婉转悦耳的歌声，给人以愉悦。“感时”“恨别”都浓聚着杜少陵因时伤怀，苦闷沉痛的忧愁。这两句的含义可以这样理解：我感于战败的时局，看到花开而泪落潸然；我内心惆怅怨恨，听到鸟鸣而心惊胆战。人内心痛苦，遇到乐景，反而引发更多的痛苦，就如“昔我往矣，杨柳依依；今我来思，雨雪霏霏”那样。杜甫继承了这种以乐景表现哀情的艺术手法，并赋予其更深厚的情感，获得更为浓郁的艺术效果。诗人痛感国破家亡的苦恨，越是美好的景象，越会增添内心的伤痛。这联通过景物描写，借景生情，移情于物，表现了诗人忧伤国事、思念家人的深沉感情。

“烽火连三月，家书抵万金。”诗人想到，战火已经连续不断地进行了一个春天，仍然没有结束。唐玄宗都被迫逃亡蜀地，唐肃宗刚刚即位，但是官军暂时还没有获得有利形势，至今未能收复西京，看来这场战争还不知道要持续多久。又想起自己流落被俘，扣留在敌军军营，好久没有妻子儿女的音信，他们生死未卜。要能得到封家信多好啊。“家书抵万金”，含有多少辛酸、多少期盼，反映了诗人在消息隔绝、久盼音信不至时的迫切心情。战争是一封家信胜过“万金”的真正原因，这也是所有受战争迫害的人民的共同心理，反映出广大人民反对战争，期望和平安定的美好愿望，很自然地使人产生共鸣。

“白头搔更短，浑欲不胜簪。”烽火连天，家信不至，国愁家忧齐上心头，内忧外患纠缠难解。眼前一片惨戚景象，内心焦虑至极，不觉于百无聊赖之时刻，搔首徘徊，意志踌躇，青丝变成白发。自离家以来一直在战乱中奔波流浪，而今又身陷于长安数月，头发更为稀疏，用手搔发，顿觉稀少短浅，简直连发簪都插不住了。诗人由国破家亡、战乱分离写到自己的衰老。“白发”是愁出来的，“搔”欲解愁而愁更愁。头发白了、疏了，从头发的变化，使读者感到诗人内心的痛苦和愁怨，更加体会到诗人伤时忧国、思念家人的真切形象，这是一个感人至深、完整丰满的艺术形象。

这首诗结构紧凑，围绕“望”字展开，前四句借景抒情，情景结合。诗人由登高远望到焦点式的透视，由远及近，感情由弱到强，就在这感情和景色的交叉转换中含蓄地传达出诗人的感叹忧愤。由开篇描绘国都萧索的景色，到眼观春花而泪流，耳闻鸟鸣而怨恨；再写战事持续很久，以致家里音信全无，最后写到自己的哀怨和衰老，环环相生，层层递进，创造了一个能够引发人们共鸣、深思的境界。

思考寄语

这首诗全篇情景交融，感情深沉。忧国，伤时，念家，悲己，显示了诗人一贯心系天下、忧国忧民的博大胸怀。这正是该诗沉郁悲壮、动慨千古的内在原因。诗歌也体现了对战乱中民不聊生的深切同情，反映了同时代的人们热爱国家、期待和平的美好愿望，愿大家热爱祖国，热爱和平。

17 破阵子·为陈同甫赋壮词以寄之

诵读主体

醉里挑灯看剑，梦回吹角连营。八百里分麾下炙，五十弦翻塞外声。沙场秋点兵。

马作的卢飞快，弓如霹雳弦惊。了却君王天下事，赢得生前身后名。可怜白发生！

知人论世

辛弃疾（1140—1207），原字坦夫，后改字幼安，号稼轩，济南历城（今济南历城区）人。南宋豪放派词人、将领，有“词中之龙”之称。与苏轼合称“苏辛”，与李清照并称“济南二安”。

辛弃疾曾任江西安抚使、福建安抚使等职。著有《美芹十论》《九议》，条陈战守之策。由于与当政的主和派政见不合，后被弹劾落职，退隐山居。开禧北伐前后，相继被起用为绍兴知府、镇江知府、枢密都承旨等职。开禧三年（1207），辛弃疾病逝，享年68岁。后赠少师，谥号忠敏。

辛弃疾一生命运多舛，备受排挤，壮志难酬。但他恢复中原的爱国信念始终没有动摇，而是把满腔激情和对国家兴亡、民族命运的关切、忧虑，全部寄寓于词作之中。其词艺术风格多样，以豪放为主，风格沉雄豪迈又不乏细腻柔媚之处。

其词题材广阔又善化用典故，抒写力图恢复国家统一的爱国热情，倾诉壮志难酬的悲愤，对当时执政者的屈辱求和颇多谴责；也有不少吟咏祖国河山的作品。现存词六百多首，有词集《稼轩长短句》等传世。

阅读鉴赏

此词以两个二、二、二的对句开头，通过具体、生动的描述，表现了多层情意。第一句，只六个字，却用三个连续的、富有特征性的动作，塑造了一个壮士的形象，让读者从那些动作中去体会人物的内心活动，去想象人物所处的环境，意味无穷。为什么要吃酒，而且吃“醉”？既“醉”之后，为什么不去睡觉，而要“挑灯”？“挑”亮了“灯”，为什么不干别的，偏偏抽出宝剑，映着灯光看了又看？……这一连串问题，只要细读全词，就可能做出应有的回答，因而不必说明。“此时无声胜有声。”用什么样的“说明”也难以比这无言的动作更有力地展现人物的内心世界。“挑灯”的动作又点出了夜景。那位壮士在夜深人静、万籁俱寂之时，思潮汹涌，无法入睡，只好独自吃酒。吃“醉”之后，仍然不能平静，便继之以“挑灯”，又继之以“看剑”。翻来覆去，总算睡着了。而刚一入睡，方才所想的一切，又幻为梦境。“梦”了些什么，也没有明说，却迅速地换上新的镜头：“梦回吹角连营。”壮士好梦初醒，天已破晓，一个军营连着一个军营，响起一片号角声。这号角声，富有催人勇往直前的力量。而那位壮士，也正好是统领这些军营的将军。于是，他一跃而起，全副披挂，要把他“醉里”“梦里”所想的一切统统变为现实。

四两句，可以不讲对仗，词人也用了偶句。偶句太多，容易显得呆板，可是在这里恰恰相反。两个对仗极工整而又极雄健的句子，突出地表现了雄壮的军容，表现了将军及士兵们高昂的战斗情绪。“八百里分麾下炙，五十弦翻塞外声”：兵士们欢欣鼓舞，饱餐将军分给的烤牛肉；军中奏起振奋人心的战斗乐曲。牛肉一吃完，就排成整齐的队伍。将军神采奕奕，意气昂扬，“沙场秋点兵”。这个“秋”字写得好。正当“秋高马壮”的时候，“点兵”出征，预示了战无不胜的前景。这是一场反击战。那将军是爱国的，但也是追求功名的。一战获胜，功成名就，既“了却君王天下事”，又“赢得生前身后名”，当为“壮”也。如果到此为止，那真够得上“壮词”。然而在那个被投降派把持朝政的时代，并没有产生真正“壮词”的条件，以上所写，不过是词人孜孜以求的理想而已。词人展开丰富的想象，化身为词里的将军，刚攀上理想的高峰，忽然一落千丈，跌回冷酷的现实，沉痛地慨叹道：“可怜白发生！”白发已生，而收复失地的理想成为泡影。想到自己徒有凌云壮志，而“报国欲死无战场”（陆游《陇头水》），便只能在不眠之夜吃酒，只能“醉里挑灯看剑”，只能在“梦”中驰逐沙场，快意一时。这处境，的确是“悲哀”的。然而没有谁“可怜”他。于是，他写了这首“壮词”，寄给处境同样“可怜”的陈同甫。同甫是陈亮的字，学者称为龙川先生。为人才气豪迈，议论纵横。自称能够“推倒一世之智勇，开拓万古之心胸”。全词从意义上看，前九句是一段，十分生动地描绘出一位披肝沥胆、勇往直前的将军的形象，从而表现了词人的远大抱负。末一句是一段，以沉痛的慨叹，抒发了“壮志难酬”的悲愤。壮和悲，理想和现实，形成强烈的反差。从这反差中，可以想到当时南宋朝廷的腐败无能，想到人民的水深火热，想到所有爱国志士报国无门的苦闷。由此可见，极其豪放的词，同时也可以写得极其含蓄，只不过和婉约派的含蓄不同罢了。

思考寄语

一位沙场英雄，有着“封狼居胥”的壮志，有着为君王“赢得生前身后名”的热血，却被现实无情地敲碎。爱国将军辛弃疾在被政治大事（包括社会、民族、军事等矛盾）挤压、扭曲、拧绞、烧炼、锤打之后，用民族仇、复国志来炼其词魂；用胡尘飞、金戈鸣来壮其词威，他被“炼”成了一位爱国词人。他的词不是用墨来写，而是蘸着血和泪涂抹而成的，他用一支羊毫软笔笔走龙蛇，泪洒宣纸，只能在醉里挑灯看剑，在梦中驰骋杀敌，在醒时发出悲叹高昂而深沉的爱国之情、献身之志，终未能如其名一般“弃疾”——去掉收复山河的心病。

18 望阙台

诵读主体

十年驱驰海色寒，孤臣于此望宸銮。

繁霜尽是心头血，洒向千峰秋叶丹。

知人论世

戚继光（1528—1588），字元敬，号南塘、孟诸，山东登州（今山东蓬莱）人，祖籍濠州定远（今安徽定远）。明朝抗倭名将，杰出的军事家、书法家、诗人。戚继光风流倜傥，爱好读书，世袭登州卫指挥佥事，联合俞大猷等抗击倭寇十余年，扫平为祸多年的倭患，确保了沿海人民的生命财产安全。万历十三年（1585），戚继光受到弹劾，罢免回乡。万历十六年（1588），病死于家中，时年61岁，谥号武毅。

在繁忙的军务中，戚继光抽空撰写了两部重要兵书，即《纪效新书》和

《练兵实纪》。这两部书是他练兵打仗的经验总结，也是他训练军队的教本，在军事学上有很高的地位，皆收录于《四库全书》，占军事著作的十分之一。

明嘉靖中，戚继光抗击倭寇，打击海盗，转战于闽、浙、粤之间，十年间屡立战功，基本扫清倭夷。先后调任浙江参军、福建总督，这首诗就是作者任福建总督时所作。具体创作时间不详。

阅读鉴赏

译文：

在大海的寒波中，我同倭寇周旋已有十年之久；我站在这里，遥望着京城宫阙。我的心血如同千山万岭上的浓霜，洒向群峰，染红所有秋叶。

该诗概括了诗人在苍茫海域内东征西讨的战斗生活，暗含抗倭斗争的艰难困苦。因有感于曾一起抗倭的汪道昆被弹劾罢官，来形容自己像远离京师孤立无援的臣子，远望皇帝居住的地方，作者仍盼抗倭斗争能得到朝廷的充分支持，既表达了对祖国的赤诚，自己有一片抗倭报国的一腔热血，也蕴含了对朝廷的忠贞。此诗以十分形象化的手法，抒发自己的丹心热血。

作者借“繁霜”“秋叶”向皇帝表达自己忠贞不渝的报国之心。虽然朝廷对自己海上抗战支持甚少，而且甚有责难，但自己保家卫国的一腔热血虽凝如繁霜，也要把这峰上的秋叶染红。作者轻视个人的名利得失，而对国家、民族有着强烈的责任感和使命感。哪怕自己遭受不公之遇，也仍然忠心耿耿地驰海御敌。由于作者有着崇高的思想境界、高尚的爱国情怀，尽管是失意之作，也使这首诗具有高雅的格调和感人至深的艺术魅力。

思考寄语

为国家、为民族无私奉献，是中华民族优秀儿女的光荣传统。古往今来的历史中，无数英雄人物心系家国，舍小家顾大局，不计个人得失，怀揣民族大义，这些都是今天我们应该大力弘扬的宝贵精神。作为新时代的中职生，要弘扬传统文化和民族精神，更应该培养以天下为己任的浩然之气，培养坚定不移的理想信念，培养对家国、对民族的责任感和担当精神，让时代精神在不畏艰难、无私奉献的勇气和魄力中前行。

19 三个金人

诵读主体

曾经有个小国的人到中国来，进贡了三个一模一样的金人，把皇帝高兴坏了。可是这小国的人不厚道，同时出了一道题目：这三个金人哪个最有价值？皇帝想了许多的办法，请来珠宝匠检查，称重量，看做工，都是一模一样的。怎么办？使者还等着回去汇报呢。泱泱大国，不会连这个小事都不懂吧？最后，有一位老臣站了出来，说他有办法。皇帝将使者请到大殿，老臣胸有成竹地拿着三根稻草，分别插入三个金人的耳朵里，只见稻草从第一个金人另一只耳朵出来了，第二个金人的稻草从嘴巴里直接掉出来，而第三个金人，稻草进去后掉进了肚子，什么声音也没有。老臣说：第三个金人最有价值！使者默默无语，答案正确。

知人论世

选自《向德荣寓言》，该书有故事324则，篇篇栩栩如生，引人入胜，是作者向德荣将自己长期以来的所学、所见、所闻、所感、所思和所悟，通过比喻、夸张、象征、影射等方法原创的一本体现道德哲理的寓言书。

书中这个故事寓人生哲思、生活情理、做人做事准则于一体，真善美俱颂，假丑恶皆损，有着鲜明的个性魅力和哲学特征，有着弘扬赞美与讽刺鞭挞兼容的双重效应……从这层意义上讲，与其说是寓言故事，不如说是对人生哲理的文化解读……

阅读鉴赏

第一个小金人是左耳朵进右耳朵出，这种人最没有价值；第二个小金人只要听见就会说出去，做事没有原则；而第三个小金人，能听得进意见，而且会记在心里，做事有分寸……

思考寄语

善于倾听，这是一个人成熟的标志，智者的标志，同时也是尊重他人的标志。我们只有学会倾听，敢于直言，才能成为对社会最有价值的人！

20 为 学

诵读主体

天下事有难易乎？为之，则难者亦易矣；不为，则易者亦难矣。人之为学有难易乎？学之，则难者亦易矣；不学，则易者亦难矣。

吾资之昏，不逮人也，吾材之庸，不逮人也；旦旦而学之，久而不怠焉，迄乎成，而亦不知其昏与庸也。吾资之聪，倍人也，吾材之敏，倍人也；屏弃而不用，其与昏与庸无以异也。圣人之道，卒于鲁也传之。然则昏庸聪敏之用，岂有常哉？

蜀之鄙有二僧：其一贫，其一富。贫者语于富者曰："吾欲之南海，何如？"富者曰："子何恃而往？"曰："吾一瓶一钵足矣。"富者曰："吾数年来欲买舟而下，犹未能也。子何恃而往！"越明年，贫者自南海还，以告富者，富者有惭色。

西蜀之去南海，不知几千里也，僧富者不能至而贫者至焉。人之立志，顾不如蜀鄙之僧哉？是故聪与敏，可恃而不可恃也；自恃其聪与敏而不学者，自败者也。昏与庸，可限而不可限也；不自限其昏与庸，而力学不倦者，自力者也。

知人论世

节选自《白鹤堂文集》，作者彭端淑（约1699—约1779），字乐斋，号仪一，清代丹棱（今属四川）人，文学家。他注重振兴教育，培养人才，整顿吏治。乾隆年间辞官返川，任成都锦江书院主讲、院长20年，造就了李调元、张问陶等优秀人才。与李调元、张问陶并称清代蜀中三才子。著有《白鹤堂文集》《雪夜诗谈》。

本文原题是“为学一首示子侄”，意思是写篇文章给儿子和侄子们看，谈谈求学、做学问的道理。清代乾嘉年间，学者们潜心学问，不务声名，治学严谨朴实，形成一代学风。于是作者便为他的子侄们写下这篇文章，希望他们能继续发扬这种风气，同时劝勉子侄读书求学不要受资昏材庸、资聪才敏的限制，要发挥主观能动性。

阅读鉴赏

译文：

天下的事情有困难和容易的区别吗？只要肯做，那么困难的事情也变得容易了；如果不做，那么容易的事情也变得困难了。人们做学问有困难和容易的区别吗？只要肯学，那么困难的学问也变得容易了；如果不学，那么容易的学问也变得困难了。

我天资愚笨，赶不上别人；我才能平庸，赶不上别人。我每天持之以恒地提高自己（也可翻译为：每天不停地学习），等到学成了，也就不知道自己愚笨与平庸了。我天资聪明，超过别人；能力也超过别人，却不努力去发挥，即与普通人无异。孔子的学问最终是靠不怎么聪明的曾参传下来的。如此看来，聪明愚笨难道是一成不变的吗？

四川边境有两个和尚，其中一个贫穷，其中一个富裕。穷和尚对富和尚说：“我想要到南海去，你看怎么样？”富和尚说：“你凭借着什么去呢？”穷和尚说：“我只需要一个盛水的水瓶、一个盛饭的饭碗就足够了。”富和尚说：“我几年来想要雇船沿着长江下游（去南海），尚且没有成功。你凭借着什么去！”到了第二年，穷和尚从南海回来了，把到过南海的这件事告诉富和尚。富和尚的脸上露出了惭愧的神情。

四川距离南海，不知道有几千里路，富和尚不能到达，可是穷和尚到达了。一个人立志求学，难道还不如四川边境的那个穷和尚吗？因此，聪明与敏捷，可以依靠但也不可以依靠；依靠着聪明与敏捷而不努力学习的人，是自己毁了自己。愚笨和平庸，可以限制又不可以限制；不被自己的愚笨平庸所局限而努力不倦地学习的人，是靠自己的努力学有所成的。

文章一开头便从难易问题下手，作者认为天下之事的难易是相对的，“为之，则难者亦易矣；不为，则易者亦难矣”。

第一段提出为学难易可以相互转化的观点。

第二段说明了成功与天资并无多大关系。

第三段用蜀鄙二僧的故事，来论证“只要立志，终将难事变为易事”的深刻道理。

第四段总结全文：为学贵在立志，实践才能变难为易。

这个故事告诉我们，我们只有立下了目标，努力去实现，才会获得成功。主观努力是成败的关键。人贵立志，事在人为。人要立长志，不要常立志。人之为学，贵在立志，无论客观条件的好坏，天资的高低，关键在于主观努力。

思考寄语

文中“吾一瓶一钵足矣”的两个“一”字表现了贫者对物质要求极低，一个“足”字体现了他战胜困难的坚定信心，表现了贫者面对困难知难而进的勇气和实现远大理想的坚定信念，以及无所畏惧的坚强意志和敢于大胆实践的精神。

人不仅要立志，更重要的是付诸行动。只有努力去践行，才能成功。

21 齐人攫金

诵读主体

昔齐人有欲金者，清旦衣冠而之市。适鬻金者之所，因攫其金而去。吏捕得之，问曰：“人皆在焉，子攫人之金何？”对曰：“取金之时，不见人，徒见金。”

知人论世

《齐人攫金》是战国时期的一则寓言故事，选自列子撰写的《列子·说符》，讽刺了那些利欲熏心而不顾一切的人。《汉书·艺文志》著录《列子》早已散佚。全书共8卷，134则，内容多为民间传说、寓言和神话故事。

《列子》全书，始以《天瑞》，终以《说符》，首尾呼应，自成一体。古时以所谓天降“符瑞”，附会与人事相应，叫作“符应”。“符”，有符信、符验的含义。“说符”，即谓“道”与人事的相互应验。全文通过30余则寓言和说理，对“道”与“智”、“名”与“实”、“形”与“神”、“贵”与“贱”、“时机”与“变通”、“久利”与“暂得”、“持身”与“治国”等多对关系进行了多角度的论述。

阅读鉴赏

译文：

从前齐国有个想得到金子的人，一天清早，穿好衣服，戴好帽子，来到集市上，走到卖金子的地方，抓了金子就走。巡官抓住了他，问他：“人们都在场，你怎么敢抢人家的金子呢？”抢金人回答说：“我抓金子的时候，根本没看到人，只看到金子。”

“取金之时，不见人，徒见金。”这句齐人的自白，并非作者故作惊人之语，而是人物心理的真实写照。当他全部身心都为黄金所迷后，失去了理智，别的什么都看不见了，眼中只有金钱。这就形象地告诉人们，嗜欲可乱人心。

从这个意义上讲，这个故事在现实生活中也有普遍的教育意义。行文中，作者未置褒贬，而强烈的讽刺已蕴含在字里行间，这是作者的高明之处。

思考寄语

追求物质财富，希望生活宽裕，是人之常情，但如果见钱眼开，不思进取，只想走捷径，甚至做出愚蠢野蛮的举动，就不可取了。美好的生活是靠努力奋斗得来的。

现实生活中，类似“攫金者”这样的人也是不少的。“攫金”的形式可能不同，但结果往往相同。你能举出两个典型的例子吗？

22 唐汝询结绳记事

诵读主体

中国明末清初有个著名诗人，名叫唐汝询，字仲言，松江华亭（今上海松江）人。

唐汝询出身于书香门第，家庭读书风气很盛。他生下来的时候，长得眉清目秀。由于受家庭环境的熏陶，他3岁的时候就开始跟着哥哥读书认字了。但是，他在5岁那年，突然出了天花，经过医生抢救，虽然保住了生命，可他的两只眼睛却不幸失去了光明，从此他再也看不见书，看不到世间的一切了。

起初，唐汝询感到非常伤心，觉得这样活着，生不如死。可是过了一段时间，他逐渐安定下来了。心想，天下无难事，只怕不立志，只要刻苦学习，就一定能学到知识。于是，他每天摸到书房里去，用心听几个哥哥读书吟诗，并把听到的文章和诗歌一字一句地牢记在心里。

一个双目失明的人，要想记住许多文章和诗歌，自然是十分困难的事。他费尽心机死记硬背，同时也想出了一些办法帮助记忆。他仿照古时候人们使用过的结绳记事法，用几根粗细不一的绳子，在上面打上各种各样的结，把整篇文章和诗歌记录下来。有时，他用刀子在木板或竹竿上刻出各种各样的刀痕，用来记录文章和诗歌。当几个哥哥出去玩耍，没人念书给他听的时候，他就摸着绳结和刀痕，大声地朗读起来。

因为唐汝询肯用功，虽然双目失明，读的书却不比几个哥哥少，成绩也不比他们差。后来，他不但读了许多书，而且学着作诗。他作诗的时候，如果有人在身边帮忙，就大声把诗句念出来，叫人帮他写在纸上；如果没人帮忙，就依旧用结绳和刻刀痕的办法把诗记下来，等有人帮忙的时候，再把它翻译成文字，请人写在纸上。

由于唐汝询刻苦读书，所以取得了可喜的成绩，他一生写下了上千首好诗，出了好几本诗集，如《编蓬集》《姑蔑集》等。同时，还给一些深奥的唐诗做了注解，书名为《唐诗解》。这是他刻苦自励，不为双目失明而放弃学习，笃志读书，克服重重困难而取得的成就。

知人论世

唐汝询（约1624年在世），明末清初学者，字仲言，华亭人。尝撰《唐诗解》《唐诗十集》等书，援据赅博，当时目为异人。汝询工于诗，有《编蓬集》十卷，后集十五卷，《四库总目》及《姑蔑集》等并传于世。钱谦益称他的《唐诗选》时有新义。

阅读鉴赏

唐汝询自幼酷爱文化，酷爱知识，从3岁起就跟着哥哥读书认字，5岁那年由于一场大病，唐汝询失去了敏锐的双眼，他很痛苦，但此事并没有使唐汝询在学习上气馁退缩，反而激励了唐汝询刻苦学习的劲头，用手摸，他费尽心思创造了条件，仿古创新，结绳记事法、刻刀痕法产生了很好的效果，经过他的刻苦学习，终于成了举世闻名的大诗人。

我们要向唐汝询学习，遇到困难要乐观面对，相信“世上无难事，只怕有心人”，努力克服。

思考寄语

人生就是不断克服困难，不断成长的过程。我们要像唐汝询那样，在面对人生磨难的时候，不要放弃，相信只要我们肯努力，下苦功夫，刻苦钻研，困难总能克服，未来总是美好的。

23 治家格言（节选）

诵读主体

黎明即起，洒扫庭除，要内外整洁；既昏便息，关锁门户，必亲自检点。

一粥一饭，当思来处不易；半丝半缕，恒念物力维艰。

宜未雨而绸缪，毋临渴而掘井。

知人论世

《治家格言》，又名《朱子治家格言》或《朱子家训》，为明朝末年江苏昆山朱柏庐著。以格言警句的形式凝结了中国几千年来代代相传的家庭教育精华，文字通俗易懂，内容简明赅备，对仗工整，朗朗上口，问世以来，成为家喻户晓、脍炙人口的教子治家经典家训，对教化人心、保留和传承中华美德产生了持久、广泛和深远的影响。

阅读鉴赏

译文：

每天黎明就要起床，先用水来洒湿厅堂内外的地面，然后扫地，使厅堂内外整洁；到了黄昏准备休息便要亲自查看一下门户有没有关锁好，以确保家人的安全。

当我们喝一碗粥，吃一碗饭的时候，应当想到煮粥煮饭的每一粒米，都是经过农夫千辛万苦种出来的；我们不但要感激他们的辛劳，更要珍惜他们辛劳的结果，不可以浪费食物，更不可以随便糟蹋。在我们穿衣服的时候，看到半段丝、半段线，即使那么少的一点东西，我们也要常常感念到物资的生产过程是很艰难的，应当倍加珍惜。

凡事先要准备，就像没到下雨的时候，要先把房子修补完善，不要“临时抱佛脚”，到了口渴的时候，才来掘井。

在整篇家训中，最让人醍醐灌顶的一句便是：易未雨而绸缪，毋临渴而掘井。

生活就像窗外的天气，充满了不可预测的雷雨、暴风。闲着的时候多看几本书，多学一项技能，在挑战来临之际，方能从容不迫。达到这一点必须要做到三件事：

第一，有实力。机会随时可能会出现在我们面前，我们必须要有十足的底气去面对，在任何情况下都自信地说："我可以！"

第二，有准备。所谓不打无准备之仗，是说做事情必须有充足的准备，考虑全面，对可能的后果有一定的预测。

第三，有担当。有时候我们必须要做一件事情，但是在预见中知道需要付出许多，这就需要勇气敢于承担这样的损失。

古人的每一句话、每一个字，都有很深的含义，不可小看。前三句话，虽然看起来都是日常生活中的小事，但道理很深刻。它至少告诉我们三个道理：第一，生活要有规律。古人讲"日出而作，日落而息"，这是自然规律，我们一定要顺从，须知养成良好的作息规律好处颇多；第二，要从小养成勤劳刻苦的习惯，恭恭敬敬做事，这个习惯对孩子将来的习性养成，影响很大；第三，洒扫庭除，不是做给外人看的，不是来了人才打扫，无论有没有人来，自己的房间都要打扫干净。干净清洁的环境，不但对自己的健康有利，还可以愉悦自己的心情。

"一粥一饭，当思来处不易。"人活在世上，应该学会感恩，因为我们的社会是个互助之体，我们所享用的一切都取之于社会，都是他人付出劳动的结果。有的人可能觉得钱是自己赚的，想怎么花就怎么花，浪不浪费是自己的事，但如果对于整个社会来说，对于整个地球来说，那就是浪费资源。

应该在还没有下雨之前，就把房顶、门窗修理好，等到大风大雨来了，才不会遭受损失。不要等到口渴了才想起挖井，那就来不及了。凡事预则立，不预则废，我们看事情要深谋远虑，有长远的规划，不能只看眼前，这才是做人做事的正确态度。

思考寄语

"一粥一饭，当思来处不易。"人活在世上，应该学会感恩，我们所享用的一切都取之于社会，都是他人付出劳动的结果。懂得感恩、修养品德，从小事做起，只有这样，才能成为真正的品德高尚的人。

24 老子（节选）

诵读主体

上善若水。水善利万物而不争，处众人之所恶，故几于道。居善地，心善渊，与善仁，言善信，正善治，事善能，动善时。夫唯不争，故无尤。

五色令人目盲，五音令人耳聋，五味令人口爽，驰骋畋猎令人心发狂，难得之货令人行妨。是以圣人为腹不为目，故去彼取此。

知人论世

老子，姓李名耳，字聃，一字伯阳，中国古代思想家、哲学家、文学家和史学家，道家学派创始人和主要代表人物之一，与庄子并称“老庄”。

《道德经》内容以哲学意义之“道德”为纲宗，论述修身、治国、用兵、养生之道，而多以政治为旨归，乃所谓“内圣外王”之学，文意深奥，意涵广博，被誉为万经之王。《道德经》是中国历史上伟大的名著之一，对传统哲学、科学、政治、宗教等产生了深刻影响。据联合国教科文组织统计，《道德经》是除了《圣经》以外被译成外国文字发布量最多的文化名著。

阅读鉴赏

译文：

至高的品性就好像水一样。水善于帮助万物，却不与万物相争，让自己停留在人们所厌恶的地方，所以水是很接近“道”的。最善的人，所处的位置最自然而不引人注目，心胸善于保持沉静而深不可测，待人善于真诚、友爱和无私，说话善于恪守信用，为政善于精简处理，能把国家治理好，处事善于发挥所长，行动善于把握时机。因为不与人争，故做人处世时，不会过于彰显一己的立场，而招致或激化矛盾。

缤纷的色彩使人眼花缭乱；嘈杂的声音使人听觉失灵；浓厚的杂味使人味觉受伤；纵情猎掠使人心思放荡发狂；稀有的物品使人行为不轨。因此，圣人致力于解决温饱，不耽乐于感官的享乐，所以要有所取舍。

上善若水。水善利万物而不争，处众人之所恶，故几于道——《道德经·第八章》。老子在自然界万事万物中最赞美水，认为水德是近于道的。水，在中国古典哲学中为万物生命之本源，其给予万物生命为仁者之善，其生存之道为处世之善（两者之善，字同意不同），所以此便接近于道。人在自然界的顶端，其本质即为善，善于生存而进化，善于生活而快乐，如水之善，自然之善，非用心之善。老子认为，最优秀的领导者，具有如水一般的最完善的人格。这样的人，愿意到别人不愿意到的地方，愿意做别人不愿意做的事情。他们具有骆驼般的精神和大海般的肚量，能够做到忍辱负重、宽宏大量。他们具有慈爱的精神，能够尽其所能去帮助、救济人，甚至还包括他们所谓的“恶人”。他们不和别人争夺功名利禄，是“善利万物而不争”的王者。

水之品性，避高趋下是一种谦逊，奔流到海是一种追求，刚柔相济是一种能力，海纳百川是一种大度，滴水穿石是一种毅力，洗涤污浊是一种奉献。做人最高的境界，应当如水的品性一样：水善而谦卑，自高远流向低洼之地，所到之处，孕育万物而从不索取，造福万物而不争名利，乐善好施而不图回报，即谓“非淡泊无以明志，非宁静无以致远”，胸怀大度，心系天下。

《道德经》第十二章，老子继续阐发治身修性去奢无欲之道，道家治身修性强调的是“为腹不为目”，去奢求俭。为了自我，人有必要时常检束自我。光检束自我还不够，还要明白这些给人带来的危害：疾病灾祸是如何相伴之的。

思考寄语

水，遇寒则成冰，越是寒冷，它越坚如钢铁；遇热则成雾，自由飘忽于天地之内，仙踪不定，无形无味亦无所求；遇形则变其形，遇势则化为瀑，无论在何种环境中形态如何变化，其原生纯朴本质未变，依然为水，此亦为“不忘初心”。成大器者为人处世需如水一般，有坦荡的胸襟，不与人纷争不休，拥有容天下的胸襟气度和仁慈的胸怀，懂得随遇而安，方能在人生的道路上走得更远。

25 陈情表

诵读主体

臣密言：臣以险衅，夙遭闵凶。生孩六月，慈父见背；行年四岁，舅夺母志。祖母刘愍臣孤弱，躬亲抚养。臣少多疾病，九岁不行，零丁孤苦，至于成立。既无伯叔，终鲜兄弟，门衰祚薄，晚有儿息。外无期功强近之亲，内无应门五尺之僮，茕茕孑立，形影相吊。而刘夙婴疾病，常在床蓐，臣侍汤药，未曾废离。

逮奉圣朝，沐浴清化。前太守臣逵察臣孝廉，后刺史臣荣举臣秀才。臣以供养无主，辞不赴命。诏书特下，拜臣郎中，寻蒙国恩，除臣洗马。猥以微贱，当侍东宫，非臣陨首所能上报。臣具以表闻，辞不就职。诏书切峻，责臣逋慢。郡县逼迫，催臣上道；州司临门，急于星火。臣欲奉诏奔驰，则刘病日笃；欲苟顺私情，则告诉不许：臣之进退，实为狼狈。

伏惟圣朝以孝治天下，凡在故老，犹蒙矜育，况臣孤苦，特为尤甚。且臣少仕伪朝，历职郎署，本图宦达，不矜名节。今臣亡国贱俘，至微至陋，过蒙拔擢，宠命优渥，岂敢盘桓，有所希冀。但以刘日薄西山，气息奄奄，人命危浅，朝不虑夕。臣无祖母，无以至今日；祖母无臣，无以终余年。母、孙二人，更相为命，是以区区不能废远。

臣密今年四十有四，祖母今年九十有六，是臣尽节于陛下之日长，报养刘之日短也。乌鸟私情，愿乞终养。臣之辛苦，非独蜀之人士及二州牧伯所见明知，皇天后土，实所共鉴。愿陛下矜悯愚诚，听臣微志，庶刘侥幸，保卒余年。臣生当陨首，死当结草。臣不胜犬马怖惧之情，谨拜表以闻。

知人论世

李密（582—619），字玄邃，一字法主，京兆郡长安县（今陕西省西安市）人，祖籍辽东郡襄平县（今辽宁省辽阳市），隋末唐初割据群雄之一。西魏名将李弼的曾孙。以父荫为左亲侍。好读书，尤喜兵法，与杨玄感友善。大业九年（613），参与玄感起兵反隋，兵败被捕，于押送途中逃脱，隐匿民间。大业十二年（616），投瓦岗翟让军，联合附近各小股义军，破金堤关，于荥阳大海寺设伏，击杀隋将张须陀。颇受翟让信任，自统军，号蒲山公营。次年，克兴洛仓，散粮济贫，百姓纷纷来投。众至数十万，占领河南大部郡县。被翟让推为主，据洛口（今河南省巩义市），称魏公，年号永平。发布檄文，声讨炀帝十大罪状。又攻占回洛、黎阳仓，围困洛阳，败隋将王世充。据守黎阳仓，起用降官降将。后设计杀翟让，部众离心。

皇泰元年（618），降东都越王杨侗，封魏国公。时宇文化及率众自江都北上，受命拒之。复与王世充决战，兵败入关降唐，封邢国公。不久，反唐出走被杀。在《先秦汉魏晋南北朝诗》中存诗一首。

阅读鉴赏

李密“辞不就职”，大致有三个原因：第一，李密确实有一个供养祖母刘的问题，像文章中说的“祖母无臣，无以终余年”。第二，李密是蜀汉旧臣，自然有怀旧的思想，况且他还认为汉主刘禅是一个“可以齐桓”的人物，对于晋灭蜀汉是有一点不服气的。第三，古人讲：做官如履薄冰。皇帝高兴时，臣为君之心腹；皇帝不高兴时，臣为君之土芥。出于历史的教训，李密不能没有后顾之忧。晋朝刚刚建立，李密对晋武帝又不甚了解，盲目做官，安知祸福。所以李密“辞不就职”，不是不想做官，而是此时此刻不宜做官。

李密不想马上出来做官，而晋武帝方面却催逼得很紧。“诏书切峻，责臣逋慢。郡县逼迫，催臣上道；州司临门，急于星火。”轻慢皇帝，违抗皇命是要杀头的。为了摆脱这个困境，达到不出来做官的目的，李密就在“孝”字上大做文章，把自己的行为纳入晋武帝的价值观念中去。李密是蜀汉旧臣，“少仕伪朝，历职郎署”，古人讲“一仆不事二主”，“忠臣不事二君”。如果李密不出来做官，就有“不事二君”的嫌疑，不事二君就意味着对晋武帝不满，这是极其危险了，所以李密说自己“不矜名节”，“岂敢盘桓，有所希冀”，我不出来做官完全是为了供养祖母刘，是为了“孝”。但是这里又产生了一个问题，事父为孝，事君为忠。李密供养祖母是孝，但不听从君主的诏令，不出来做官，就是不忠。古人云“忠孝不能两全”。《韩诗外传》卷二记载：“楚昭王使石奢为理道，有杀人者追之，则父也。奢曰：‘不私其父非孝也，不行君法非忠也。’于是刎颈而死。”为忠臣不得为孝子，为孝子不得为忠臣。李密很巧妙地解决了这个矛盾，即先尽孝，后尽忠。“是臣尽节于陛下之日长，报养刘之日短也。”等我为祖母刘养老送终之后，再向您尽忠，这样晋武帝也就无话可说了。

李密为了达到自己的目的，除了在“孝”字上大做文章外，还以巧妙的抒情方式来打动晋武帝。从文章中可以想见，李密在构思《陈情表》时，有三种交错出现的感情：首先是因处境狼狈而产生的忧惧之情；其次是对晋武帝“诏书切峻，责臣逋慢”的不满情绪；最后是对祖母刘的孝情。但是当他提笔写文章时，便把这三种感情重新加以整理，经过冷静地回味，压抑了前两种感情，只在文中含蓄地一笔带过，掩入对祖母刘的孝情之中。而对后一种感情则大肆渲染，并且造成一个感人至深的情境，即“臣无祖母，无以至今日；祖母无臣，无以终余年”。从这样一种情境出发，作者先以简洁精练的语言写自己的孤苦，为“祖母无臣，无以终余年”做铺垫，然后反复强调祖母刘的病：如第一段的“夙婴疾病，常在床蓐”；第二段的“刘病日笃”；第三段的“日薄西山，气息奄奄，人命危浅，朝不虑夕”。这样，李密的孝情就不同于一般的母孙之情，而是在特定情境中的特殊孝情。

《陈情表》是写给晋武帝的，是为了达到“辞不就职”的目的。从这个目的出发，李密并没有把孝情一泄到底，而是用理性对感情加以节制，使它在不同的层次中、不同的前提下出现。第一段先写自己与祖母刘的特殊关系和特殊命运，抒发对祖母的孝情，“臣侍汤药，未曾废离”。如果从这种孝情继续写下去，会有许多话要说，如对祖母的感激，对祖母的怜惜等。但作者却就此止笔，转而写蒙受国恩而不能上报的矛盾心情，写自己的狼狈处境。第二段表白自己感恩戴德，很想走马上任，“奉诏奔驰”。为什么不能去呢？因为“刘病日笃”，这就从另一方面反衬了他的孝情的深厚，因为孝情深厚，而“诏书切峻，责臣逋慢”，所以才有“实为狼狈”的处境。前面抒发的孝情被节制以后，又在另一个前提下出现了。第三段作者转写自己“不矜名节”，并非“有所希冀”，不应诏做官，是因为“祖母无臣，无以终余年”。在排除了晋武帝的怀疑这个前提之下，再抒发对祖母刘氏的孝情，就显得更真实、更深切、更动人。

思考寄语

古人云：“百善孝为先，孝为百行原”，孝是诸德之本，李密为了报答祖母的养育之恩，而放弃做官显达的机会；他又为了回报朝廷的知遇之恩，许下了“生当陨首，死当结草”的报国之心。国与家，官与私都在作者心中。

方圆相宜　行稳致远

1 晁错论（节选）

诵读主体

古之立大事者，不惟有超世之才，亦必有坚忍不拔之志。昔禹之治水，凿龙门，决大河而放之海。方其功之未成也，盖亦有溃冒冲突可畏之患；惟能前知其当然，事至不惧，而徐为之图，是以得至于成功。

知人论世

苏轼（1037—1101），字子瞻，号东坡居士，世称苏东坡、苏仙，死后追谥文忠。汉族，眉州眉山（四川省眉山市）人，祖籍河北栾城，北宋著名文学家、书法家、画家。苏轼是北宋中期文坛领袖，在诗、词、散文、书、画等方面取得很高成就。文纵横恣肆；诗题材广阔，清新豪健，善用夸张比喻，独具风格，与黄庭坚并称"苏黄"；词开豪放一派，与辛弃疾同是豪放派代表，并称"苏辛"；散文著述宏富，豪放自如，与欧阳修并称"欧苏"，为"唐宋八大家"之一。苏轼善书，是"宋四家"之一；擅长文人画，尤擅墨竹、怪石、枯木等。其作品有《东坡七集》《东坡易传》《东坡乐府》《潇湘竹石图》《古木怪石图》等。

阅读鉴赏

译文：

自古以来凡是做大事业的人，不仅有出类拔萃的才能，也一定有坚忍不拔的意志。从前大禹治水，凿开龙门，疏通黄河，使洪水东流入海。当他的整个工程尚未最后完成时，可能也时有决堤、漫堤等可怕的祸患发生，只是他事先就预料到会这样，祸患发生时就不惊慌失措而能从容地治理它，所以能够最终取得成功。

苏轼的文学思想是文、道并重。他推崇韩愈和欧阳修对古文的贡献，都是兼从文、道两方面着眼的。在这种独特的文学思想指导下，苏轼的散文呈现出多姿多彩的艺术风貌。他广泛地从前代的作品中汲取艺术营养，其中最重要的渊源是孟子和战国纵横家的雄放气势、庄子的丰富联想和自然恣肆的行文风格。苏轼具有极高的表现力，在他笔下几乎没有不能表现的客观事物或内心情思。苏文的风格则随着表现对象的不同而变化自如，像行云流水一样自然、畅达。韩愈的古文依靠雄辩、布局和蓄势等手段来取得气势的雄放，而苏文却依靠挥洒自如、思绪泉涌的方式达到了同样的目的。苏文气势雄放，语言却平易自然，这正是宋文异于唐文的特征之一。

《晁错论》这篇文章总结了削藩失败是晁错被杀的原因。苏轼认为，晁错被杀，首先有七国叛乱给皇帝造成的压力和受到政敌中伤的原因，但又提出了另一个观点，即晁错自己也缺乏坚强的意志和临危不惧的精神，才给了政敌攻击他的机会。同时，苏轼通过对晁错改革失败的叹惋，表达出自己愿意为国效力但有志难展的抑郁心情。吴楚材、吴调侯《古文观止》卷十评价此文："此篇先立冒头，然后入事，又是一格。晁错之死，人多叹息，然未有说出被杀之由者。东坡之论，发前人所未发，有写错罪状处，有代错画策处，有为错致惜处，英雄失足，千古兴嗟。任大事者，尚其思坚忍不拔之义哉。"作者生活的时代，治平已久，文恬武嬉，积贫积弱，作者思治，故此论实为有感而发。全篇文章由虚而实，由实而气势滔滔，由气势滔滔而渐渐平缓，把舒缓与紧凑有机地融为一体。

选文是《晁错论》的第三段，作者一方面紧扣史实，另一方面却把笔触拉开，先提出"古之立大事者，不惟有超世之才，亦必有坚忍不拔之志"的观点。然后用大禹治水的凿龙门、决江河和溃冒冲突来举例论证，提出"事至不惧""徐为之图"才能使大事成功，以此暗中指责晁错的临危而逃。

思考寄语

苏轼在其人物史论中写了大量的翻案文章，立意新颖深刻，高远幽邃。治国之策，行事之则；爱民之心，嫉恶之恨；他人之思，自我之省……都别出心裁，发人之所未见，启人之所未思。《晁错论》这篇文章告诉我们，自古以来能够成就伟大功绩的人，不仅要有超凡出众的才能，还一定要有敢于面对问题、解决问题的勇气和坚忍不拔的意志。青年学子正处于人生中的关键时期，要成长为堪当大任的有用之才，需要"不惟有超世之才，亦必有坚忍不拔之志"。

2 晋文公退避三舍

诵读主体

及楚，楚子飨之，曰："公子若反晋国，则何以报不谷？"对曰："子、女、玉、帛，则君有之；羽、毛、齿、革，则君地生焉；其波及晋国者，君之余也；其何以报君？"曰："虽然，何以报我？"对曰："若以君之灵，得反晋国，晋、楚治兵，遇于中原，其辟君三舍。若不获命，其左执鞭、弭，右属櫜、鞬，以与君周旋。"

知人论世

《左传》相传为左丘明著。左丘明，春秋末期鲁国人，史学家、文学家、思想家、散文家。曾任鲁国史官，为解析《春秋》而作《左传》，又作《国语》。两书记录了不少西周、春秋的重要史事，保存了具有很高价值的原始资料。左丘明是中国传统史学的创始人，被誉为"百家文字之宗，万世古文之祖"。左丘明的思想是儒家思想，较多反映了当时人民的利益和要求。

晋文公（约前697—前628），姬姓晋氏，名重耳，晋献公之子，公元前636年至前628年在位，春秋时期晋国的第二十二任君主。晋文公文治武功卓著，是"春秋五霸"中第二位霸主，也是"上古五霸"之一，与齐桓公并称"齐桓晋文"。晋文公初为公子，"骊姬之乱"时被迫流亡在外十九年。晋文公在位期间通商宽农、明贤良、赏功劳，建立三军六卿制，使晋国国力大增。公元前632年，在"城濮之战"中以少胜多，大败楚军，并召集齐、宋等国会盟，成为"春秋五霸"中第二位霸主，开创了晋国长达百年的霸业。

阅读鉴赏

译文：

重耳到了楚国，楚成王设宴款待重耳，问道："如果公子返回晋国，拿什么来报答我呢？"重耳回答说："男女仆人、宝玉丝绸，您都有了；鸟羽、兽毛、象牙和皮革都是贵国的特产；那些流散到晋国的，都是您剩下的；我拿什么来报答您呢？”楚成王说：“尽管如此，总得拿什么来报答我吧？”重耳回答说：“如果托您的福，我能返回晋国，一旦晋国和楚国交战，双方军队在中原碰上了，我就让晋军退避九十里地。如果得不到您退兵的命令，我就只好左手拿着马鞭和弓梢，右边挂着箭袋和弓套，奉陪您较量一番。”

本文节选自《左传·僖公二十三年》。“退避三舍”这个成语就出自这里。古代一舍三十里，三舍为九十里。要理解这个成语的内涵，需要知悉故事的来龙去脉：春秋时期，晋国发生内乱，晋献公听信谗言，杀了太子申生，又派人捉拿申生的弟弟重耳。重耳闻讯，逃出晋国，在外流亡的第十五年，他到了楚国，楚王并不嫌弃他这个落魄王子，而是待他如上宾。在一次宴会中，楚王问重耳，“你用什么报答我呢？”重耳许下“晋、楚治兵，遇于中原，其辟君三舍”的诺言。四年后，重耳回到晋国当了国君，在他的治理下晋国日益强大。公元前633年，楚国和晋国交战，为了兑现当年许下的诺言，晋文公下令军队后退九十里。楚军见晋军后退，以为对方害怕了，马上追击。晋军利用楚军骄傲轻敌的弱点，集中兵力，大破楚军，取得城濮之战的胜利。

退避三舍的故事告诉我们做人要守诺重信、知恩图报、言出必行。退避三舍，让晋文公与对手作战时站在了理义的高度。如果晋文公没有遵守诺言，楚军可能不会轻易被击败，城濮之战胜负难料。而如果没有大败楚军，晋文公就难以成为春秋五霸中的第二位霸主，更难开创晋国长达百年的霸业。晋文公终成一代雄主，与其说是时代成就了他的霸业，不如说是晋文公的人品成就了他的霸业。可见，一个人只有信守诺言才能取得成功，一个国家只有诚信才能越发繁荣昌盛。

思考寄语

古往今来，“让”是中华民族的传统美德，历史上关于“让”的佳话数不胜数。“融四岁，能让梨”，“让”出了文明，“让”出了亲情；韩信受胯下之辱，“让”出了风度，“让”出了明智；晋文公退避三舍，“让”出了诚信，“让”出了气概……这些“让”都体现了个人的魄力和远见，成就了个人或国家，让得有理，让得高尚。

3 白鹿洞二首·其一

诵读主体

读书不觉已春深，一寸光阴一寸金。
不是道人来引笑，周情孔思正追寻。

知人论世

王贞白（875—958），字有道，号灵溪。信州永丰（今江西上饶市广丰区）人。唐末五代十国著名诗人。唐乾宁二年（895）登进士，七年后授职校书郎，尝与罗隐、方干、贯休同唱和。在登第授职的七年中，他随军出塞抵御外敌，写下了许多边塞诗，有不少反映边塞生活，激励士气的佳作。征戍之情，深切动人。对军旅之劳、战争景象描写得气势豪迈，色彩浓烈，音调铿锵。有《灵溪集》七卷，今编诗一卷。其名句“一寸光阴一寸金”，至今民间广为流传。

阅读鉴赏

《白鹿洞二首·其一》是唐末五代诗人王贞白创作的七言绝句组诗中的第一首诗，写自己的读书生活，是一首惜时诗。大意是自己专心读书，不知不觉春天过完了，每一寸时间就像一寸黄金珍贵。如果不是道人来逗笑，自己还在深入钻研周公、孔子的精义和教导呢。

“白鹿洞”在今江西省境内庐山五老峰南麓的后屏山之南。这里青山环抱，碧树成荫，环境幽静。名为“白鹿洞”，实际并不是洞，而是山谷间的一方坪地。中唐李渤曾在此读书，养有一头白鹿为伴，因名“白鹿洞”。

首句叙事，“读书不觉已春深”，写诗人读书入神，每天都过得紧张而充实，全然忘记了时间。“春深”指春末、晚春。春天快过完了，是诗人不经意中猛然发现的。这一发现令诗人甚感意外，颇多感慨。他觉得光阴过得太快了，许多知识要学，时间总不够用似的。此句形象生动地展现了诗人专心读书、心无旁骛之态。

次句写诗人的感悟。“一寸光阴一寸金”，寸阴，指极短的时间，这里以金子喻光阴，谓时间宝贵，应该珍惜。这是诗人由第一句叙事生发的感悟，也是诗人给后人留下的箴言。

第三、第四句是叙事。“不是道人来引笑，周情孔思正追寻。”补叙自己发觉“春深”，是因为“道人来引笑”，不然仍醉心在儒家典籍之中呢。“道人”指白鹿洞的道人。“引笑”指逗笑，开玩笑。“周情孔思”，指古代读书人所读的儒家典籍。道人修禅养性是耐得住寂寞、静得下心的，而诗人需要道人来“引笑”，才肯放松一下，休息片刻，可见诗人读书之专心。

本诗语言平易晓畅，比喻精当，意蕴丰富，体现了王贞白“内涵深刻，意存高远”之诗风。

思考寄语

“书山有路勤为径，学海无涯苦作舟”。从王贞白的读书生活看，诗人是惜时如金、潜心求知的人。诗中“一寸光阴一寸金”诗句，成为劝勉世人珍惜光阴的千古流传的至理名言。莘莘学子应当从中受到启发和教育，知识是靠时间积累起来的，为充实和丰富自己，应十分珍惜时间才是。唯其如此，才能学有所成、行稳致远。

4 冬夜读书示子聿

诵读主体

古人学问无遗力，少壮工夫老始成。
纸上得来终觉浅，绝知此事要躬行。

知人论世

陆游（1125—1210），字务观，号放翁，越州山阴（今浙江绍兴）人，南宋文学家、史学家、爱国诗人。

陆游生逢北宋灭亡之际，少年时即深受家庭爱国思想的熏陶。宋高宗时，参加礼部考试，因受秦桧排斥而仕途不畅。宋孝宗即位后，赐进士出身，历任福州宁德县主簿、敕令所删定官、隆兴府通判等职，因坚持抗金，屡遭主和派排斥。乾道七年（1171），应四川宣抚使王炎之邀，投身军旅，任职于南郑幕府。次年，幕府解散，陆游奉诏入蜀，与范成大相知。宋光宗即位后，升为礼部郎中兼实录院检讨官，不久即因“嘲咏风月”罢官归居故里。嘉泰二年（1202），宋宁宗诏陆游入京，主持编修孝宗、光宗《两朝实录》和《三朝史》，官至宝章阁待制。书成后，陆游长期蛰居山阴，1210年与世长辞，留绝笔《示儿》。

陆游一生笔耕不辍，诗词文具有很高成就。其诗语言平易晓畅，章法整饬谨严，兼具李白的雄奇奔放与杜甫的沉郁悲凉，尤以饱含爱国热情，对后世影响深远。陆游亦有史才，他的《南唐书》，“简核有法”，史评色彩鲜明，具有很高的史料价值。

阅读鉴赏

《冬夜读书示子聿》是南宋诗人陆游晚年所写的一首七言绝句。诗人就知识的获取，从两方面谈了自己的看法：一是要花气力；二是“要躬行”。诗中表达的思想不仅是冬夜读书的体会，更是诗人勤奋学习的经验总结。既饱含了诗人深邃的教育思想理念，也寄托了诗人对子女的殷切期望。

诗的前两句，赞扬了古人刻苦学习的精神以及做学问的艰难。说明只有少年时养成良好的学习习惯，不遗余力地打好扎实基础，将来才能成就一番事业。诗人从古人做学问入手娓娓道来，其中“无遗力”三个字，形容古人做学问勤奋用功、孜孜不倦的程度，既生动又形象。诗人语重心长地告诫儿子，趁着年少精力旺盛，奋力拼搏，不要辜负青春年华。

后两句，强调了做学问的工夫要下在何处。诗人告诫儿子不要片面满足于书本知识，而应亲身实践，才能把书本上的知识变成自己的实际本领。孜孜不倦、持之以恒地学知识，固然很重要，但仅此还不够，因为那只是书本知识，书本知识是前人实践经验的总结，不能纸上谈兵，要“亲身躬行”。一个既有书本知识，又有实践经验的人，才是真正有学问的人。诗人从书本知识和社会实践的关系着笔，强调实践的重要性，凸显其真知灼见。

本诗写作特色有二：一是语言平易晓畅，朗朗上口。杨慎评云：“极质直却自情至。”二是富有深刻的哲理。诗中含有哲理的诗句是“纸上得来终觉浅，绝知此事要躬行”，这句话告诉我们从书本上得来的知识，是前人实践经验的总结，能否符合此时此地的情况，还有待实践去检验。如果想要深入理解其中的道理，必须亲自实践才行。

思考寄语

《冬夜读书示子聿》中，诗人在书本与实践的关系上，强调了实践的重要，这符合唯物认识论的观点：实践是认识的来源，实践是检验真理的唯一标准。作者的这种见解，不仅在封建社会对人们做学问、求知识是很宝贵的经验之谈，对今天的人们也是很有启迪作用的，是非常有价值的见解。

5 国　殇

诵读主体

操吴戈兮被犀甲，车错毂兮短兵接。
旌蔽日兮敌若云，矢交坠兮士争先。
凌余阵兮躐余行，左骖殪兮右刃伤。
霾两轮兮絷四马，援玉枹兮击鸣鼓。
天时怼兮威灵怒，严杀尽兮弃原野。
出不入兮往不反，平原忽兮路超远。
带长剑兮挟秦弓，首身离兮心不惩。
诚既勇兮又以武，终刚强兮不可凌。
身既死兮神以灵，魂魄毅兮为鬼雄。

知人论世

屈原（约前340—前278），战国时期楚国诗人、政治家。芈姓，屈氏，名平，字原；又自云名正则，字灵均。战国时楚国贵族，楚武王熊通之子屈瑕的后代。

屈原是中国历史上第一位伟大的爱国诗人，中国浪漫主义文学的奠基人，被誉为“中华诗祖”“辞赋之祖”。他是“楚辞”的创立者和代表作者，开辟了“香草美人”的传统。屈原的出现，标志着中国诗歌进入了一个由集体歌唱到个人独创的新时代。他被后人称为“诗魂”。屈原也是楚国重要的政治家，早年受楚怀王信任，任左徒、三闾大夫，兼管内政外交大事。吴起之后，在楚国另一个主张变法的就是屈原。他提倡“美政”，主张对内举贤任能，修明法度，对外力主联齐抗秦。因遭贵族排挤诽谤，被先后流放至汉北和沅湘流域。

公元前278年，秦将白起攻破楚都郢（今湖北江陵），屈原悲愤交加，怀石自沉于汨罗江，以身殉国。主要作品有《离骚》《九歌》《九章》《天问》等。他创作的《楚辞》是中国浪漫主义文学的源头，其中的名篇《离骚》与《诗经》中的《国风》并称“风骚”，对后世诗歌产生了深远影响。

阅读鉴赏

本篇是为祭祀为国牺牲的将士而作。不但歌颂了他们的英雄气概和壮烈精神，而且对洗雪国耻寄予热望，抒发了作者热爱祖国的高尚感情。

诗歌从敌胜我败着笔，反映了楚国当时的政治军事形势。全诗分为两部分，第一部分写战场激战，第二部分热情礼赞为国捐躯的战士。在诗中，屈原将动态过程的描述同静态雕像的刻画紧密结合：在动态过程的描述中，将大场面鸟瞰同局部特写紧密结合；在静态雕像的刻画中，将外形描绘同精神赞美紧密结合。而这种结合过程又同战争的步步展开、诗人感情的层层发展协调一致。

清人蒋骥在《山带阁注楚辞》中论及此篇时指出：“怀襄之世，任馋弃德，背约忘亲，以至天怨神怒，国蹙兵亡，徒使壮士横尸膏野，以快敌人之意。（屈）原盖深悲而极痛之。”

思考寄语

《国殇》在悼念阵亡将士的同时，也表达了对洗雪国耻的渴望，对正义事业必胜的信念，其思想与楚国广大人民息息相通。作为中华民族文学史上第一位伟大诗人，屈原的作品不仅表现他个人坎坷遭遇，更重要的是表达了热烈得近乎偏执的爱国情感。这样纯粹的家国情怀，值得每一个人敬仰。

6 谏太宗十思疏（节选）

诵读主体

凡百元首，承天景命，莫不殷忧而道著，功成而德衰。有善始者实繁，能克终者盖寡。岂取之易而守之难乎？昔取之而有余，今守之而不足，何也？夫在殷忧，必竭诚以待下；既得志，则纵情以傲物。竭诚则吴越为一体，傲物则骨肉为行路。虽董之以严刑，震之以威怒，终苟免而不怀仁，貌恭而不心服。怨不在大，可畏惟人；载舟覆舟，所宜深慎。奔车朽索，其可忽乎？

君人者，诚能见可欲则思知足以自戒，将有作则思知止以安人，念高危则思谦冲而自牧，惧满溢则思江海下百川，乐盘游则思三驱以为度，忧懈怠则思慎始而敬终，虑壅蔽则思虚心以纳下，惧谗邪则思正身以黜恶，恩所加则思无因喜以谬赏，罚所及则思无以怒而滥刑。总此十思，弘兹九德，简能而任之，择善而从之，则智者尽其谋，勇者竭其力，仁者播其惠，信者效其忠。文武争驰，在君无事，可以尽豫游之乐，可以养松、乔之寿，鸣琴垂拱，不言而化。何必劳神苦思，代下司职，役聪明之耳目，亏无为之大道哉！

知人论世

魏徵（580—643），字玄成，巨鹿（今河北）人。唐代政治家，曾任谏议大夫等职。唐太宗李世民在位时著名诤臣，对太宗的行动及政策措施给予极有益的影响，使唐初呈现了安定富强的政治局面，史称“贞观之治”。

疏，即“奏疏”，古代一种文体，臣下向君主议事进言的文体，属于议论文。

本文是魏徵在贞观十一年（637）写给唐太宗的奏章。唐太宗后期逐渐骄奢忘本，大兴土木，广求珍宝，四处巡游，劳民伤财。魏徵清醒地看到了潜藏的危机，“频上四疏，以陈得失”，本文为第二篇，因此也称“论时政第二疏”。本疏意在劝谏太宗居安思危，戒奢以俭，积其德义。唐太宗看后有所醒悟，回以《答魏徵手诏》，表示从谏改过；同时，将此疏置于自己案头，奉为座右铭。

阅读鉴赏

全篇以“思国之安者，必积其德义”为中心展开论述。先从正反两方面进行论述，提出为君必须“居安思危，戒奢以俭”的结论。然后提醒太宗，守成之君易失人心。因在“殷忧”时易“竭诚以待下”；而在“得志”时则会“纵情以傲物”，便有“覆舟”之危。由此提出“积德义”必须“十思”。

“十思”，即十条值得深思的情况，是奏章的主要内容。该部分着重规劝太宗在自身修养上要“谦冲”，对于物质享受要适度；在用人上要“虚心纳下”，在施行法制上要不计个人恩怨等。结尾给太宗归结出治国方法的关键——知人善任，精选人才，以达到“鸣琴垂拱”的理想境界。作者的这些主张，为唐太宗采纳，有助于成就唐王朝的“贞观之治”。

全篇以“思”字作为贯穿行文的线索，脉络分明，条理清晰。文中多用比喻，把道理说得生动形象；并采用排比、对仗，句式工整，条理清晰。

思考寄语

《谏太宗十思疏》给人的启迪很多。一是显示了“以德立身”的重要性，以德修身，以德服人，不断提升个人品德，才能使人生之路行稳致远；二是提醒手握权力者，要树立正确的群众观，要明确水能载舟亦能覆舟，任何时代，民心向背起着决定性作用；三是告诉人们要始终坚定信念，不骄不躁，保持斗志，以归零心态把守成变成创新。

7 送东阳马生序（节选）

诵读主体

余幼时即嗜学。家贫，无从致书以观，每假借于藏书之家，手自笔录，计日以还。天大寒，砚冰坚，手指不可屈伸，弗之怠。录毕，走送之，不敢稍逾约。以是人多以书假余，余因得遍观群书。既加冠，益慕圣贤之道，又患无硕师名人与游，尝趋百里外，从乡之先达执经叩问。先达德隆望尊，门人弟子填其室，未尝稍降辞色。余立侍左右，援疑质理，俯身倾耳以请；或遇其叱咄，色愈恭，礼愈至，不敢出一言以复；俟其欣悦，则又请焉。故余虽愚，卒获有所闻。

当余之从师也，负箧曳屣行深山巨谷中。穷冬烈风，大雪深数尺，足肤皲裂而不知。至舍，四支僵劲不能动，媵人持汤沃灌，以衾拥覆，久而乃和。寓逆旅，主人日再食，无鲜肥滋味之享。同舍生皆被绮绣，戴朱缨宝饰之帽，腰白玉之环，左佩刀，右备容臭，烨然若神人；余则缊袍敝衣处其间，略无慕艳意，以中有足乐者，不知口体之奉不若人也。盖余之勤且艰若此。今虽耄老，未有所成，犹幸预君子之列，而承天子之宠光，缀公卿之后，日侍坐备顾问，四海亦谬称其氏名，况才之过于余者乎？

知人论世

宋濂（1310—1381），初名寿，字景濂，号潜溪，别号龙门子、玄真遁叟等，汉族。祖籍金华潜溪（今浙江义乌），后迁居金华浦江（今浙江浦江）。元末明初著名政治家、文学家、史学家、思想家，与高启、刘基并称为“明初诗文三大家”，又与章溢、刘基、叶琛并称为“浙东四先生”，被明太祖朱元璋誉为“开国文臣之首”。

宋濂自幼多病，且家境贫寒，但他聪敏好学，号称“神童”。元末辞朝廷征命，修道著书。明初时受朱元璋礼聘，被尊为“五经”师，为太子朱标讲经。洪武二年（1369），奉命主修《元史》。累官至翰林学士承旨、知制诰，时朝廷礼仪多为其制定。洪武十年（1377）以年老辞官还乡，后因长孙宋慎牵连胡惟庸案而被流放茂州，途中于夔州病逝，年72岁。明武宗时追谥“文宪”，故称“宋文宪”。

宋濂与刘基均以散文创作闻名，并称为“一代之宗”。其散文质朴简洁，或雍容典雅，各有特色。他推崇台阁文学，文风淳厚飘逸，为其后“台阁体”作家的文学创作提供范本。其作品大部分被合刻为《宋学士全集》七十五卷。

阅读鉴赏

在这篇赠序中，宋濂叙述了自己年轻时专心求学的艰苦经历，劝勉后辈学生珍惜优越的学习条件，刻苦读书。

文章生动而具体地描述了自己借书求师之难，饥寒奔走之苦。

为突出文章主旨，作者将自己早年求学时的种种困难与当时太学生的诸多优越条件加以对比：将各自的家境、学习条件与氛围对比，老师的严厉与自己的谦逊对比，学习条件和自己的学习态度对比。通过对比得出结论，鲜明且有说服力，更能突出作者勤奋刻苦、坚韧不拔的求学精神和虔诚态度。

在文中，作者并没有居高临下地用大道理来进行训诫，而是采取了平等相待的态度，心平气和寓说理于叙事之中，通过自己现身说法，表达对同乡晚辈的殷切期望和勉励之情，颇具说服力。文章以叙述事实为主，适当穿插形象的描写和简要的议论，言辞简洁朴实，语气恳切委婉，语重心长，读来十分感人。

思考寄语

宋濂的成功是和他年轻时发奋苦读分不开的。这充分说明，学业能否有所成就，主要在于主观的努力程度，并不在天资的高下或条件的优劣。这对于勉励青年人珍惜良好读书环境、专心治学颇具启示作用。

8 我有一个梦想（节选）

诵读主体

朋友们，今天我对你们说，在此时此刻，我们虽然遭受种种困难和挫折，我仍然有一个梦想。这个梦想是深深扎根于美国的梦想中的。

我梦想有一天，这个国家会站立起来，讲出这个真理："我们相信这一点是不言而喻的——人人生而平等。"

我梦想有一天，在佐治亚的红山上，昔日奴隶的儿子将能够和昔日奴隶主的儿子坐在一起，共叙兄弟情谊。

我梦想有一天，甚至连密西西比州这个正义匿迹、压迫成风的地方，也将变成自由和正义的绿洲。

我梦想有一天，我的四个孩子将在一个不是以他们的肤色，而是以他们的品格优劣来评价他们的国度里生活。

……

这就是我们的希望，这是我们回南部去要带回的信心。有了这个信念，我们将能从绝望之岭，劈出一块希望之石；有了这个信念，我们将能把这个国家刺耳的争吵声，改变成为一支洋溢手足之情的优美交响曲；有了这个信念，我们将能一起工作，一起祈祷，一起斗争，一起坐牢，一起维护自由；因为我们知道，终有一天，我们是会自由的。

在自由到来的那一天，上帝的所有儿女们将以新的含义高唱这支歌："我的祖国，美丽的自由之乡，我为您歌唱。您是父辈逝去的地方，您是最初移民的骄傲，让自由之声响彻每个山岗。"

知人论世

《我有一个梦想》是马丁·路德·金于1963年8月28日在华盛顿林肯纪念堂发表的著名演讲。

马丁·路德·金（1929—1968），非裔美国人，出生于美国佐治亚州。社会活动家、民权主义者，美国黑人民权运动领袖，非暴力主义者。他是将"非暴力"和"直接行动"作为社会变革方法的最为突出的倡导者之一，获得1964年度诺贝尔和平奖。被美国权威期刊《大西洋月刊》评为影响美国的100位人物第8名。

1963年8月28日，金在林肯纪念堂前，面对25万人发表了这个著名的演说。在演讲中，金表达了自己对于美国黑人权利、美国白人与黑人关系和睦的强烈而真挚的期望。该演讲使美国的民权运动达到一个高潮，对美国甚至世界影响很大。演讲的第二年，美国国会通过1964年《民权法案》，宣布所有种族隔离和歧视政策为非法政策。如今，金的这些话被刻在了其发表演讲的纪念堂的台阶上。

1968年4月，金在孟菲斯领导工人罢工后被人刺杀，时年仅39岁。此后，美国政府将每年一月的第3个星期一，定为马丁·路德·金全国纪念日，这也是联合国的纪念日之一。

阅读鉴赏

在演讲中，马丁·路德·金用第一人称，拉近了与听众的距离，增加了亲近感，增强了感召力。

整个演讲感情充沛、逻辑严密。面对《独立宣言》签署百年后黑人依然受歧视和压迫的现状，金以黑人领袖的身份，满怀激愤之情，代表黑人奴隶向美国政府提出了抗议和期待。他从为什么斗争，斗争的态度和方式，到达到目的的决心和信心，最后提出号召，条分缕析，有理有据，贯穿着作者热爱国家、追求和平的强烈情感。

金的演讲可以说文采斐然。句式齐整，或散或整，善于比喻、排比、对偶等，使文章具有整体美、音乐美，加强了感情的表达。在揭示黑人现状时，作者用了一组排比句，揭示了黑人没有自由、民主的时间之长，生活之惨；而在表达对国家的愿景时，他同样用了两组排比，描绘了白人与黑人和谐相处、共享蓝天的蓝图，强烈的语势、充沛的感情，很容易引起听众的共鸣。文中大量的比喻，也极其生动地表现了作者对自由和平的向往。

思考寄语

近一个世纪前，因为肤色的不同，许多少数族裔被欺辱、践踏，生活与权利得不到保障。但是，一代又一代的民权人士，为这些少数族裔作着不屈不挠、英勇执着的斗争。唯有当整个黑人族群不再因他们的肤色被区别对待，马丁·路德·金的梦想，更多人的梦想，才能变为可以触摸的最真的现实。

9 把栏杆拍遍（节选）

诵读主体

中国历史上由行伍出身、以武起事、而最终以文为业，成为大诗词作家的只有一人，这就是辛弃疾。这也注定了他的词及他这个人在文人中的唯一性和在历史上的独特地位。

……

应该说，辛弃疾的词不是用笔写成，而是用刀和剑刻成的。他是以一个沙场英雄和爱国将军的形象留存在历史上和自己的诗词中。时隔千年，当今天我们重读他的作品时，仍感到一种凛然杀气和磅礴之势。比如这首著名的《破阵子·为陈同甫赋壮词以寄之》：

醉里挑灯看剑，梦回吹角连营。八百里分麾下炙，五十弦翻塞外声。沙场秋点兵。

马作的卢飞快，弓如霹雳弦惊。了却君王天下事，赢得生前身后名。可怜白发生。

我敢大胆说一句，这首词除了武圣岳飞的《满江红》可与之相媲美外，在中国上下五千年的文人堆里，再难找出第二首这样有金戈之声的力作。虽然杜甫也写过“射人先射马，擒贼先擒王”，军旅诗人卢纶也写过“欲将轻骑逐，大雪满弓刀”，但这些都是旁观式的想象、抒发和描述，哪一个诗人曾有他这样亲身在刀刃剑尖上滚过来的经历？“列舰层楼”“投鞭飞渡”“剑指三秦”“西风塞马”，他的诗词简直是一部军事辞典。他本来是以身许国，准备血洒大漠、马革裹尸的。但是南渡后他被迫脱离战场，再无用武之地。像屈原那样仰问苍天，像共工那样怒撞不周，他临江水，望长安，登危楼，拍栏杆，只能热泪横流。

楚天千里清秋，水随天去秋无际。遥岑远目，献愁供恨，玉簪螺髻。落日楼头，断鸿声里，江南游子，把吴钩看了。栏杆拍遍，无人会，登临意。（《水龙吟·登建康赏心亭》）

谁能懂得他这个游子，实际上是亡国浪子的悲愤之心呢？这是他登临建康城赏心亭时所作。此亭遥对古秦淮河，是历代文人墨客赏心雅兴之所，但辛弃疾在这里发出的却是一声悲怆的呼喊。他痛拍栏杆时一定想起过当年的拍刀催马，驰骋沙场，但今天空有一身力，一腔志，又能向何处使呢？……我们今天读其词，总是清清楚楚地听到一个爱国臣子，一遍一遍地哭诉，一次一次地表白；总忘不了他那在夕阳中扶栏远眺、望眼欲穿的形象。

……

我常想，要是为辛弃疾造像，最贴切的题目就是“把栏杆拍遍”。他一生大都是在被抛弃的感叹与无奈中度过的。当权者不使为官，却为他准备了锤炼思想和艺术的反面环境。他被九蒸九晒，水煮油炸，千锤百炼。历史的风云，民族的仇恨，正与邪的搏击，爱与恨的纠缠，知识的积累，感情的浇铸，艺术的升华，文字的锤打，这一切都在他的胸中、他的脑海，翻腾、激荡，如地壳内岩浆的滚动鼓胀，冲击积聚。既然这股能量一不能化作刀枪之力，二不能化作施政之策，便只有一股脑地注入诗词，化作诗词。他并不想当词人，但武途政路不通，历史歪打正着地把他逼向了词人之道……所以积300余年北宋南宋之动荡，才产生了一个辛弃疾。

知人论世

梁衡（1946— ），山西霍州人。著名学者、新闻理论家、作家。长期从事新闻工作，曾任国家新闻出版署副署长、《人民日报》副总编辑，曾任全国中小学语文教材总顾问。著作颇丰，代表作有《觅渡，觅渡，渡何处？》《大无大有周恩来》等。先后有60多篇次文章入选大学中学语文课本。

辛弃疾（1140—1207），字幼安，号稼轩，历城（今山东济南）人。南宋著名爱国词人。他有将相之才，而未展其用，一生屡次沉浮，将一腔忠愤寄之于词。其词继承了苏轼的开拓、革新精神，题材广阔，思绪纵横，意境深沉；又善于熔铸经史，驱遣诗文，亦善白描。词风“激昂豪迈，风流豪放”，代表着南宋豪放词的最高成就。著有《稼轩长短句》，存词600多首。

阅读鉴赏

梁衡历史散文多具阳刚之气，以评带传，读起来铿锵有力；用词造句精妙，文学性、哲理性和逻辑性兼顾，很好地将人物精神与气质摹画出来。

全文从三个方面写了辛弃疾坎坷又奋斗的一生。首先写他行伍出身，以武起事；之后写他退居乡间，以文为业；最后从自己理解的角度，推演大诗词作家是怎样炼成的。这样严密的逻辑，使文章散中有序。

为什么说用“把栏杆拍遍”为辛弃疾造像最合适?

“把栏杆拍遍”，这个动作很具体，有力量，更易表达失落与不满。这个题目，用在“武人”一词上，孔武有力，可深刻表达不能为国收复失地的愤懑；用在“文人”一词上，又能充分显示他不能驰骋沙场为国效力的无奈。这样，概括了词作家的家国情怀，很恰当。

思考寄语

梁衡先生写人物时，那种内化了的独特看法，深刻的历史感悟，用词造句的阳刚之气，在对比中，以评带传的理性写作，让我们受益良多。

梁衡曾透露，此文他整整写了三年。他对散文创作的要求是“背”，就是说他写的东西都是拿出来给人背诵的。我们或可从此文中作些语言方面的积累。

10 向中国人脱帽致敬

诵读主体

记得那是12月，我进入巴黎十二大学。

我们每周都有一节对话课，为时两个半钟头。在课堂上，每个人都必须提出或回答问题。问题或大或小，或严肃或轻松，千般百样无奇不有。

入学前，云南省《滇池》月刊的一位编辑向我介绍过一位上对话课的教授：“他留着大胡子而以教学严谨闻名于全校。有时，他也提问，且问题刁钻古怪得很。总而言之你要小心，他几乎让所有的学生都从他的课堂上领教了什么叫作‘难堪’……”

我是插班生，进校时，别人已上了两个多月课。我上第一节对话课时，就被教授点着名来提问：“作为记者，请概括一下您在中国是如何工作的。”

我说：“概括一下来讲，我写我愿意写的东西。”

我听见班里有人窃笑。

教授弯起一根食指顶了顶他的无边眼镜："我想您会给我这种荣幸：让我明白您的首长是如何工作的。"

我说："概括一下来讲，我的首长发他愿意发的东西。"

全班"哄"地一下笑起来。那个来自苏丹王国的阿卜杜勒鬼鬼祟祟地朝我竖大拇指。

教授两只手都插入裤袋，挺直了胸膛问："我可以知道您是来自哪个中国的吗？"

班上当即冷场。我慢慢地对我的教授说："先生，我没有听清楚您的问题。"

他清清楚楚一字一句，又重复一遍。我看着他的脸，那脸，大部分掩在浓密的毛发下。我告诉那张脸，我对法兰西人的这种表达方式很陌生，不明白"哪个中国"一说可以有什么样的解释。

"那么，"教授说，"我是想知道：您是来自台湾中国还是北京中国？"

雪花在窗外默默地飘。在这间三面墙壁都是落地玻璃的教室里，我明白地感觉到了那种突然冻结的沉寂。几十双眼睛，蓝的绿的褐的灰的，骨碌碌瞪大了盯着三个人来回看，看教授，看我，看我对面那位台湾同学。

"只有一个中国。教授先生。这是常识。"我说。马上，教授和全班同学一起，都转了脸去看那位台湾人。那位黑眼睛黑头发黄皮肤的同胞正视了我，连眼皮也不眨一眨，冷冷地慢慢道来："只有一个中国，教授先生。这是常识。"

话音才落，教室里便响起了一片松动椅子的咔咔声。

教授先生盯牢了我，又递来一句话："您走遍了中国吗？"

"除台湾省外，先生。"

"为什么您不去台湾呢？"

"条件不允许，先生。"

"那么，"教授将屁股放了一边在讲台上，搓搓手看我，"您认为在台湾问题上，该是谁负主要责任呢？"

"该是我们的父辈，教授先生。那时候他们还年纪轻轻呢！"

教室里又有了笑声。教授却始终不肯放过我："依您之见，台湾问题应该如何解决呢，如今？"

"教授先生，我们的父辈还健在哩！"我说，也朝着他笑，"我没有那种权力去剥夺父辈们解决他们自己酿就的难题的资格。"

我惊奇地发现，我的对话课的教授思路十分敏捷，他不笑，而是顺理成章地接了我的话去："我想，您不会否认邓小平先生该是你们的父辈。您是否知道他想如何解决台湾问题？"

"我想，如今摆在邓小平先生桌面的，台湾问题并非最重要的。"

教授浓浓的眉毛如旗般展了开来并且升起："您认为在邓小平先生的桌面上，什么问题是最重要的呢？"

"依我之见，如何使中国尽早富强起来是他最迫切需要考虑的。"

教授将他另一边屁股也挪上了讲台，换了个更舒服的姿势坐好，依然对我穷究下去："我实在愿意请教：中国富强的标准是什么？这儿坐了二十几个国家的学生，我想大家都有兴趣弄清楚这一点。"

我突然一下感慨万千，竟恨得牙根儿发痒，狠狠用眼戳着这个刁钻古怪的教授，站了起来对他说，一字一字地："最起码的一条是：任何一个离开国门的我的同胞，再不会受到像我今日承受的这类刁难。"

教授倏地离开了讲台向我走来，我才发现他的眼睛很明亮，笑容很灿烂。他将一只手掌放在我的肩上，轻轻说："我丝毫没有刁难您的意思，我只是想知道，一个普通的中国人是如何看待他们自己国家的。"然后，他两步走到教室中央，大声宣布："我向中国人脱帽致敬。下课。"

出了教室，台湾同胞与我并排走。好一会儿后，两人不约而同看着对方说："一起喝杯咖啡好吗？"

知人论世

钟丽思（1947—　），中国赴法国留学的女作家。现为法国巴黎阿拉贝电影制片厂编导，《天下华人》法国主笔、《看世界》等杂志专栏作家。其作品在海外华人中传阅甚广。代表作有《顽童时代》《少年少女》《向中国人脱帽致敬》等。

阅读鉴赏

本文是一篇短小精悍、结构紧凑的特写。作者运用丰富的表现手法，生动描写了一名中国留法学生和一位法国教授之间的一场扣人心弦的唇枪舌剑。文学性很强。

全文通过“大胡子”教授咄咄逼人的提问和中国留法学生——“我”不卑不亢的回答，表现了中国留学生自尊自爱、自强自信的爱国精神。同是在维护国格，赤子们腰板硬朗，理直气壮，以高雅的气质、敏捷的思维、机变的语言，令洋教授叹服，展示了20世纪90年代中国学生的高等素质，展示了中国人的高度文明。故事扣人心弦，引人入胜，读来情味盎然。

文章不仅真实性强，而且文学色彩浓厚。不仅真实地再现了一场心智较量的场面，还通过逼真的神态、行动描写及大量精彩的对话描写，且用了欲扬先抑的手法，将人物性格特征刻画得栩栩如生。

思考寄语

长久以来，在国际舞台上，中国人似乎总得不到应有的地位和重视。本文主人公让我们产生一种“扬眉吐气”的感受。主人公不畏刁难、不卑不亢的表现，反映了中国人自强的底气；而外国教授与同学真诚希望中国富强的良好愿望，则展现了中国正在逐步上升的国际地位。

同时，台湾同学的表现，也让我们看到海峡两岸人民对和平、对统一的强烈愿望，以及团结协作、自觉维护祖国尊严的一致诉求。

11 中国守艺人·一百零八匠（节选）

诵读主体

和自己较劲，是很多手艺人身上展示出来的特质，没有和自己较劲的那股劲，传统手艺也只能是在一种制式之中的不断重复，从而日渐走向消亡。较劲，可以让一个手艺人放大时间的刻度，去体会到时间的密度所带来的生命的丰富。

苏州女子陆美英，缂丝工艺传承人，她就是通过缂丝，用美于《清明上河图》的《姑苏繁华图》和自己较劲，方寸之间密密排列的蚕丝，不是单调重复，而恰是拓展了她作为手艺人生涯的丰富与无穷。

“一寸缂丝一寸金”，缂丝，以挑经显纬的复杂工艺，在宋代之后，一直作为皇家制作织品的御用工艺，有“织中圣品”的美名。丝制作多以工笔画题材为主，特别适合用丝通经断纬的织法来表现，只是因为制作过于精细，多以表现小尺寸的画幅。手艺人陆美英和自己较劲，也和这个领域的边界较劲，她带团队用了五年的时间制作了十八米长的《姑苏繁华图》。她当初选择《姑苏繁华图》，一是作为苏州人，对于苏州题材的作品有特殊的感情；二是这幅作品在陆美英看来，是所有长卷里，图案最繁复最难的一个，要展现在丝上，挑战是无法想象的，开始创作之前，她盯着画稿看了一两百遍。为了用丝创作这幅图，陆美英制作了一个十九米长的工作台，用起重机从外面吊进房间。制作用了二十八万多根丝线，这个制作是目前丝界里的首次突破。

知人论世

本文选自《中国守艺人·一百零八匠》一书，作者罗易成是资深广告创意人，“学院奖”终审评委。

“学院奖”全称“中国大学生广告艺术节学院奖”，中国广告协会主办。参与企业均为广为人知的国内外知名品牌，是从学界到实战的高端平台。

阅读鉴赏

《中国守艺人·一百零八匠》以图文并茂的方式专访了中国108位匠人，本文为节选。

读者将在书中，伴随300余幅精美图片，看到这些或大或小的手工艺品在手艺人手中经历的那一道道工序：削切、剪裁；熔铸、锤炼；打磨、镶嵌；印染、装裱……最终呈现出来的作品延续着技艺，融会了巧思，凝结了愿望，拥有了灵魂。

本书注重的是手艺人作为“人”的部分。在中国这片辽阔的土地上，存在着我们以前可能闻所未闻的手工艺，生活着将这些技艺和手工艺品延续下去的手艺人。他们用自己的双手缓慢打造精品，无暇顾及前行之路上是否有光；支撑他们继续走下去的，可能就是他们各自心中的“诗意”与“乡愁”。从这些手艺人的故事中，我们可以了解中国手工艺行业现状，更可以看出中华文明的博大精深。

文化自信的树立，其实可以从身边发生。中国传统手工艺品的制作技术和表现形式产生于我们的祖国；创造它们的一双双灵巧又倔强的双手，属于我们的同胞。它们看似微小，却并未缺席每一次文化的演进；它们看似传统，却因手艺人的不懈改进而历久弥新。

思考寄语

中国手艺人中的“守艺人”像勇士一样，以倔强的精神守护着传统手艺。守住传统手艺的意义在于，它承载着一个人的追求、一个民族的念想，更承载着一个国家的诗意与乡愁。

中国传统手工艺，经由一代代匠人的口传心授，获得穿越历史的生命力，成为仍具活性与温度的文化符号。作为青年一代，我们也必须传承匠人们执着坚守、精益求精的“工匠精神”，争做新时代的“匠人”！

12 青年在选择职业时的考虑（节选）

诵读主体

一个选择了自己所珍视的职业的人，一想到他可能不称职时就会战战兢兢——这种人单是因为他在社会上所居地位是高尚的，他也就会使自己的行为保持高尚。

在选择职业时，我们应该遵循的主要指针是人类的幸福和我们自身的完美。不应认为，这两种利益是敌对的，互相冲突的，一种利益必须消灭另一种的；人类的天性本来就是这样的：人们只有为同时代人的完美、为他们的幸福而工作，才能使自己也达到完美。

如果一个人只为自己劳动，他也许能够成为著名的学者、大哲人、卓越诗人，然而他永远不能成为完美无疵的伟大人物。

历史承认那些为共同目标劳动因而自己变得高尚的人是伟大人物；经验赞美那些为大多数人带来幸福的人是最幸福的人；宗教本身也教诲我们，人人敬仰的理想人物，就曾为人类牺牲了自己——有谁敢否定这类教诲呢？

如果我们选择了最能为人类福利而劳动的职业，那么，重担就不能把我们压倒，因为这是为大家而献身；那时我们所感到的就不是可怜的、有限的、自私的乐趣，我们的幸福将属于千百万人，我们的事业将默默地、但是永恒发挥作用地存在下去，面对我们的骨灰，高尚的人们将洒下热泪。

知人论世

马克思（1818—1883），出生于普鲁士王国莱茵省特里尔市。伟大的思想家、革命家、哲学家、经济学家、历史学家和社会学家。“马克思主义”的创始人之一，“第一国际”的组织者和领导者，马克思主义政党的缔造者，全世界无产阶级和劳动人民的革命导师，科学共产主义的奠基人。年轻时就读于波恩大学和柏林大学，获哲学博士学位；后投身于政治斗争，为无产阶级和全人类的解放事业奔走呼号。1847 年，他和恩格斯一起为共产主义者同盟起草纲领《共产党宣言》，深刻论述了无产阶级革命和无产阶级专政的重要思想，成为世界各国无产阶级的指南。主要著作有《资本论》《共产党宣言》等。

1835年8月12日，马克思在他的中学毕业考试中，挥就德语作文《青年在选择职业时的考虑》，老师的评语是：“思想丰富，精彩有力，值得赞许。”校长威登巴赫读后也大为赞赏，其后即发表于《社会主义和工人运动史文库》1925年莱比锡版第11年卷。当时，深受德国启蒙思想和古典人道主义的熏陶和影响的青年马克思，面对自己的前途，没有考虑选择哪一种具体职业，而是把对这个问题的思考提高到对社会认识和对未来生活的态度上，深刻阐述了自己对职业选择的考虑，中肯而充满热情。

阅读鉴赏

在《青年在选择职业时的考虑》中，马克思首先论述了职业选择的重要性，强调选择职业是关系到个人生活目的和生活道路的重大问题，强调认真地进行职业的选择是青年的首要责任。但同时，他认为，选择职业不是一件简单的事情，因为在神和内心的启示下，每个人眼前也许都有一个伟大的目标，但随着时间的推演，也许我们会很快厌恶那个曾经梦寐以求的东西。这使得人们在职业选择时并不能只取决于自己的希望和志愿，还必须考虑到多重因素，包括个人的喜好、自身的身体条件以及能力等。因此，选择职业不能为一时的兴趣、渺小的激情和个人的虚荣心所左右。

基于这些分析，马克思提出了自己认可的职业选择时应该坚持的基本原则，即应该求得人类的幸福和自身的完美。在他看来，只有这样，才能得到真正的幸福，才能成为伟大的、人人敬仰的理想人物。在文章的最后，马克思指出，“如果我们选择了最能为人类福利而劳动的职业，那么，重担就不能把我们压倒，因为这是为大家献身；那时我们所感到的就不是可怜的、有限的、自私的乐趣，我们的幸福将属于千百万人，我们的事业将默默地，但是永恒发挥作用地存在下去，面对我们的骨灰，高尚的人们将洒下热泪”，宣告了自己的人生追求和职业选择。

思考寄语

《青年在选择职业时的考虑》是马克思思想发展的起点，它反映了中学时代马克思的精神面貌，表明青年马克思已经树立了为全人类服务的崇高理想，且其一生都始终不渝地坚持着自己中学时代的誓言和理想。

今天的中学生，应该从马克思身上得到启发，汲取精神力量，勇往直前地朝目标行进，无所畏惧地战胜一切阻碍，做一个有理想、有责任、有担当，顶天立地、有大作为的人。

13 品质（节选）

诵读主体

我很年轻时就认识他了，因为他承做我父亲的靴子。他和他哥哥合开一家店，店房有两间打通的铺面，开设在一条横街上——这条街现在已经不存在了，但是在那时，它却是坐落在伦敦西区的一条新式街道。

那座店房有某种朴素安静的特色，门面上没有注明任何为王室服务的标记，只有包含他自己日耳曼姓氏的“格斯拉兄弟”的招牌；橱窗里陈列着几双靴子。我还记得，要想说明橱窗里那些靴子为什么老不更换，我总觉得很为难，因为他只承做订货，并不出售现成靴子；要说那些都是他做得不合脚而被退出来的靴子，那似乎是不可想象的。是不是他买了那些靴子来做摆设的呢？这好像也不可思议。把那些不是亲手做的皮靴陈列在自己的店里，他是决不能容忍的。而且，那几双靴子太美观了——有一双轻跳舞靴，细长到非言语所能形容的地步；那双带布口的漆皮靴，叫人看了舍不得离开；还有那双褐色长筒马靴，闪着怪异的黑而亮的光辉，虽然是簇新的，看来好像已经穿过一百年了。只有亲眼看过靴子灵魂的人才能做出那样的靴子——这些靴子体现了各种靴子的本质，确实是模范品。我当然在后来才有这种想法，不过，在我大约十四岁那年，我够格跟他定做成年人靴子的时候，对他们两兄弟的品格就有了模糊的印象。因为从那时起一直到现在，我总觉得，做靴子，特别是做像他所做的靴子，简直是神妙的手艺。

我清楚地记得：有一天，我把幼小的脚伸到他跟前时，羞怯地问道：“格斯拉先生，做靴子是不是很难的事呢？”

他回答说：“这是一种手艺。”从他的含讽带刺的红胡根上，突然露出了一丝的微笑。

……

人们不可能时常到他那里去，因为他所做的靴子非常经穿，一时穿不坏的——他好像把靴子的本质缝到靴子里去了。

……

过了一年多，我才又回到伦敦。我所去的第一个店铺就是我的老朋友的店铺。我离去时，他是个六十岁的人，我回来时，他仿佛已经七十五岁了，显得衰老、瘦弱，不断地发抖，这一次，他起先真的不认识我了。

“啊！格斯拉先生，”我说，心里有些烦闷，“你做的靴子好极啦！看，我在国外时差不多一直穿着这双靴子的；连一半也没有穿坏呀，是不是？”

他细看我这双俄国皮靴，看了很久，脸上似乎恢复了镇静的气色。他把手放在我的靴面上说：

“这里还合脚吗？我记得，费了很大劲才把这双靴子做好。”

我向他确切地说明：那双靴子非常合脚。

“你要做靴子吗？”他说，“我很快就可以做好；现在我的生意很清淡。”

我回答说：“劳神，劳神！我急需靴子——每种靴子都要！”

“我可以做时新的式样。你的脚恐怕长大了吧。”他非常迟缓地照我的脚形画了样子，又摸摸我的脚趾，只有一次抬头看着我说：

“我哥哥死掉了，我告诉过你没有？”

他变得衰老极了，看了实在叫人难过；我真高兴离开他。

我对这几双靴子并不存什么指望，但有一天晚上靴子送到了。我打开包裹，把四双靴子排成一排；然后，一双一双地试穿这几双靴子。一点问题也没有。不论在式样或尺寸上，还是在加工或皮革质量上，这些靴子都是他给我做过的最好的靴子。在那双城里散步穿的靴口里，我发现了他的账单。单上所开的价钱与过去的完全一样，但我吓了一跳。他从来没有在四季结账日以前把账单开来的。我飞快地跑下楼去，填好一张支票，而且马上亲自把支票寄了出去。

一个星期以后，我走过那条小街，我想该进去向他说明：他替我做的新靴子是如何的合脚。但是当我走近他的店铺所在地时，我发现他的姓氏不见了。橱窗里照样陈列着细长的轻跳舞靴、带布口的漆皮靴，以及漆亮的长筒马靴。

我走了进去，心里很不舒服。在那两间门面的店堂里——现在两间门面又合二为一了——只有一个长着英国人面貌的年轻人。

“格斯拉先生在店里吗？”我问道。

……

“啊！”他回答说，“死掉了！”

“死掉了？但是上星期三我才收到他给我做的靴子呀！”

……

“慢性饥饿，医生是这样说的！你要晓得，他是这样去做活的！他想把店铺撑下去；但是除了自己以外，他不让任何人碰他的靴子。他接了一份订货后，要费好长时间去做它。顾客可不愿等待呀。结果，他失去了所有的顾客。他老坐在那里，只管做呀做呀——我愿意代他说句话——在伦敦，没有一个人可以做出比他更好的靴子，而且还要亲自做。好啦，这就是他的下场。照他的想法，你对他能有什么指望呢？”

“但是饿死——”

“这样说，也许有点儿夸张——但是我自己知道，他从早到晚坐在那里做靴子，一直做到最后的时刻。你知道，我往往在旁边看着他。他从不让自己有吃饭的时间；店里从来不存一个便士。所有的钱都用在房租和皮革上了。他怎么能活得这么久，我也莫名其妙。他经常断炊。他是个怪人。但是他做了顶好的靴子。”

“是的，”我说，“他做了顶好的靴子。”

知人论世

约翰·高尔斯华绥（1867—1933），英国著名小说家、剧作家。代表作有《有产业的人》《骑虎》《出租》等。1932年，凭《有产业的人》获诺贝尔文学奖。其作品语言简练，形象生动，讽刺辛辣，生动描摹了英国19世纪后期和20世纪初期的资产阶级的社会和家庭生活，及其由盛而衰的历史。

《品质》是一篇小说，写于1911年。当时的英国社会，资本主义经济已经发展到一定的程度，现代工业里的机器大生产几乎完全取代了原先的手工业。技艺高超的鞋匠格斯拉兄弟能做品质精良的靴子，因不肯降低品质，在与工业化的大公司的竞争中失败，生意越来越清淡，最后饿死。这是一个人的悲剧，可能也是整个社会的悲剧。

阅读鉴赏

小说以工业垄断对手工业作坊的冲击为背景，客观描写手工业者的生存危机，赞扬鞋匠格斯拉恪守职业道德，宁可饿死也不肯偷工减料的高尚品质，表现出对底层劳动者的尊重，同时借这个形象揭露工业革命市场竞争带来的商业诚信危机。

小说名为“品质”，实际上是鞋品和人品合二为一。鞋子穿在脚上，处在人体最底处；格斯拉是穷困潦倒的匠人，按照世俗的观念属于“底层”人物。外表上，鞋子物美价廉、耐穿舒适，格斯拉年老邋遢、迟钝保守；但品质上，靴子制作精良、质量上乘，而格斯拉敬业执着、诚实负责。

作者用了大量外貌、行动、神态和语言描写，来表现格斯拉对自己工作的热爱，对待自己工作的细致与投入，以及对自己手艺的自信和自豪感。文中的侧面描写，如同行评价、从不预收工钱、用最好的皮革不让任何人碰等，则表明他固守做人原则，保持职业操守，守护商品大潮中唯一一片净土。

格斯拉是一个诚信敬业，执着善良的底层劳动者，他用生命呵护自己的理想，用生命坚守社会的良知，这是坚守的价值，更是人性的光辉。

思考寄语

有人认为鞋匠格斯拉没有必要守着最好的手艺而饿死，应当“因时而化”。这是从生存发展角度来思考的，值得探讨。但是，从精神层面来说，人类社会之所以始终存在希望，是因为每当黑暗笼罩时，总有思想的先驱掏出燃烧的心举过头顶，照亮前行的路；也总有无数平凡的人，以诚实的品格守护着社会的良知……只要人格高尚，凡人也和伟人一样，他们的精神如同日月星辰，在历史的苍穹中永放光芒。

14 未选择的路

诵读主体

黄色的树林里分出两条路，
可惜我不能同时去涉足，
我在那路口久久伫立，
我向着一条路极目望去，
直到它消失在丛林的深处。

但我却选了另外一条路，
它荒草萋萋，十分幽寂，
显得更诱人、更美丽；
虽然在这两条小路上，
都很少留下旅人的足迹。

虽然那天清晨落叶满地，
两条路都未经脚印污染。
啊，留下一条路等改日再见！
但我知道路径延绵无尽头，
恐怕我难以再回返。

也许多少年后在某个地方，
我将轻声叹息把往事回顾：
一片树林里分出两条路——
而我选择了人迹更少的一条，
从此决定了我一生的道路。

知人论世

罗伯特·弗罗斯特（1874—1963），美国诗人。生于加利福尼亚州旧金山市，曾就读于哈佛大学，但中途辍学，在30岁之前的十余年间始终靠打零工谋生。弗罗斯特自幼喜好文学，自学写诗，20岁时在《纽约独立报》发表第一首诗歌《我的蝴蝶》。1912年举家迁居英国，开始了诗歌创作的一个辉煌时期。

次年，他在庞德（美国著名的意象派诗人）的帮助下出版了第一部诗集《少年的心愿》。1914年出版第二部诗集《波士顿之北》，其中包括许多脍炙人口的诗作，例如《修墙》和《雇工之死》，由此获得国际声誉。1915年返回美国，在密歇根州立大学等多家大学任教。弗罗斯特曾四次荣获普利策诗歌奖（始于1922年的美国文学奖项，每年颁发一次，意在表彰创作杰出诗篇的美国作家），获奖次数之多，至今无人企及。1961年1月20日，弗罗斯特应邀在美国总统约翰·F.肯尼迪的就职仪式上朗诵诗歌，因此而举世瞩目。他的其他主要诗集还包括《山间洼地》等。

弗罗斯特的诗风不是以新奇取胜，而是在传统的诗歌形式上有所创新，他称之为“以旧形式表达新内容”。他擅长以象征性的手法描写树木花草等植物，通过常见的场景与意象，来表现诗人推崇的价值观念。

阅读鉴赏

《未选择的路》揭示的是人生道路上面临重大抉择时的心境。

诗人并没有直言两条路代表什么，他所阐明的是抉择本身。诗人以具体而明晰的事物来说明抽象的概念和哲理。诗中，作者以“林中岔道”这一人们司空见惯的具体现象，用比喻的手法引起读者丰富的联想，引申出如何抉择“人生岔路”这样具有哲理寓意的象征。面对这分出来的两条“小路”，诗人可能有过短暂的迟疑；但他最终选择的是一条人迹更少的路，这条路也许更需要开拓，走得更艰辛，但正因为如此，才更具魅力。

这首诗朴实无华而清新隽永、寓意深刻。诗歌分为四节，每节的第一、第三、第四行，第二、第五行分别押韵，自如的节奏中透着坚定又渗出丝丝遗憾。整首诗韵律优美，读起来传递着优雅的音乐感。

联系作者的人生经历，这首诗又是诗人自身的写照。诗人有很长一段时间得不到当时美国诗界的承认，他感到痛苦和忧虑。1912年，38岁的弗罗斯特痛下决心，放弃他在一所师范学校教书的职业，来到了英国伦敦，坚定而执着地选择了略显幽寂荒凉的诗歌创作之路。

思考寄语

这首哲理抒情诗，看似倾诉个人经历，实则表达人们的普遍感受——人们处在岔路口时难以抉择的复杂心情。人生的道路千万条，但一生中往往只能选择一条，尤其在人生关键的岔路口，应该慎重选择。一旦选定，即便困难，也要无怨无悔，对自己的选择负责到底。

15 信

诵读主体

凡出言　信为先　诈与妄　奚可焉
话说多　不如少　惟其是　勿佞巧
奸巧语　秽污词　市井气　切戒之
见未真　勿轻言　知未的　勿轻传
事非宜　勿轻诺　苟轻诺　进退错

知人论世

李毓秀（1647—1729），字子潜，号采三。生于清代顺治年间，卒于雍正年间，享年83岁。清初著名学者、教育家。据国学学者王俊闳考证，李毓秀的人生经历平实，性情温和豁达，因而缺少传奇故事。史料记载，在年轻的时候，李毓秀师从同乡学者党冰壑，游学近二十年。科举不中后，就放弃了仕进之途，终身为秀才，致力于治学。精研《大学》《中庸》，创办敦复斋讲学。来听课的人很多，门外满是脚印。太平县御史王奂曾多次向他请教，十分佩服他的才学，他被人尊称为李夫子。平生只考中秀才，主要活动是教书。

根据传统对童蒙的要求，也结合他自己的教书实践，李毓秀写成了《训蒙文》，后来经过贾存仁修订，改名《弟子规》。他的著作还有《四书正伪》《四书字类释义》《学庸发明》《读大学偶记》《宋孺夫文约》《水仙百咏》等，分别藏于山西省图书馆和北京大学图书馆。《弟子规》浅显易懂，押韵顺口，文风朴实，说理透彻，可谓谆谆教诲，循循善诱，在我国清代教育史上有一定的影响。清代后期成为广为流传的儿童读本和童蒙读物，此书以浅近通俗的文字、三字韵的形式阐述了学习的重要、做人的道理以及待人接物的礼貌常识等，几乎与《三字经》《百家姓》《千字文》有同等影响。

阅读鉴赏

诚信是中华民族的传统美德，也是儒家伦理的重要内容，更是一个人安身立命的基础。所以，为人处世的第一步，要懂得说话谨慎。凡是说出口的话，首先要真实不虚、讲求信用。说谎话骗人、胡言乱语都是不可以的。说话多不如说话少，因为言多必有失。说的话要恰当在理、符合实际，千万不要花言巧语，否则人家只会讨厌你。虚伪狡诈、尖酸刻薄、下流肮脏的话，千万不能说。阿谀奉承等粗俗的市侩习气，都要彻底戒除掉。看到的事情没有弄清楚，不要随便乱说，轻易发表意见；听来的事情没有根据，不要随便乱传，以免造成不良后果。对不合理的要求，自己做不到的事情，不要轻易许诺；如果轻易答应，就会使自己进退两难。

思考寄语

谨言方可慎行。你的言语内容与方式，能在很大程度上决定别人以什么样的态度对你。一般情况下，我们与人交流，基本会涉及两种话题，要不是品评人物或事件，要么就是达成一种或大或小的口头约定或者共识。如果是品评人事，随口一说往往会造成不好的后果。比如当前的网络暴力层出不穷，“键盘侠”们可能大多并无恶意，仅是随口一说，但众口铄金，真相可能就被歪曲，当事人则有口难辩，无力申冤。如果是达成约定，那当你做出承诺时，就要考虑是不是真能做到。大话说了一箩筐，结果什么也做不到，那样只会让自己的名声越来越差，让自己的路越走越窄，最终无法立足。

16 生活中多为他人着想

诵读主体

余秋雨在写《追寻德国》那篇文章的时候，为了解德国、体验生活，他找了一处出租房子，房东是一位德国老人，和蔼可亲。房子在五楼，楼道一尘不染，垃圾不用送到下面，放在门口就有清洁工定时取走。余秋雨感觉挺好，就想和老人签长期租房合约。老人笑了笑说："不，年轻人，你还没有住，不会知道好坏，所以应该先签试住合约，有了切身体验，再定下一步是否常住。"余一听有道理，最后和老人签了五天的合约。第五天到了，余秋雨想和老人谈长租的时候，发生了一点意外，他不小心打碎了一个玻璃杯。他很紧张，可是当他打电话告诉老人的时候，老人说："不要紧，你又不是故意的，这个玻璃杯很便宜，明天我再拿一个来。"余秋雨很高兴，告诉老人想与他签长期合约。余秋雨随后把碎玻璃和其他垃圾扫入垃圾袋，放在了外面。过了不久，老人来了，进屋之后，没等余秋雨说话，老人问："那玻璃杯碎片呢？"余秋雨赶紧说："我打扫完放在门外了。"老人一听连忙出去，打开垃圾袋看完之后，脸色阴沉地进了屋，对余秋雨说，不再租给他房子。余秋雨感觉不可思议，就问："是不是因为我打碎你最喜爱的玻璃杯，惹你不高兴了？"老人摇了摇手说："不是，是因为你心中没有别人。"老人拿了一支笔和一个垃圾袋，同时带上笤帚和镊子，来到外面，把余秋雨装好的垃圾倒出来，重新分类。老人挑得非常仔细，过了不久，把所有的玻璃碎片装入一个垃圾袋里，在上面用笔写上："里面是玻璃碎片，危险！"然后把其他垃圾装入另一个垃圾袋里，写上"安全"。余秋雨在旁边看着，从头到尾除了敬佩，他不知道说什么。此后若干年，余秋雨不断提起这件往事，每次都是感叹连连："我们心里有别人吗？"

人活一世，皮囊能修，骨骼可磨，品位用金钱也能堆出来，但有两样东西改不了——一是教养，二是智慧。

知人论世

节选自《教育文摘》。

余秋雨，中国当代作家、学者。以散文集《文化苦旅》和《山居笔记》闻名。

阅读鉴赏

"你的心中没有别人"，余秋雨这段难堪的异国经历教会了我们什么呢？懂得替他人着想。芸芸众生之间，我们每个人都需要同其他人交往。只顾自己方便而不顾及他人，往往会让你莫名失去：或许是一套便宜的租房，或许是一个重要的机遇。余秋雨所在的社区，保洁人员主动将业主们放在楼道中的垃圾收走，是他们站在对方的角度上思考，而非日常工作的一部分。作为享受服务的业主，对于这份帮助，人们并不应该认为理所当然。一个微笑，一个拥抱，一声谢谢，善是需要善的回应的，而这，也是我们为人处世的重要原则。

思考寄语

赠人玫瑰，手有余香。在飞速发展的现代社会，人与人之间的关系变得越来越疏远，太多的相顾无言，太多的相逢不相识，我们缺失了太多心中有别人的善意。主动去给予别人力所能及的帮助，对每个给予你方便的人表达你的感谢。当你能够这样设身处地地为他人着想的时候，你的人生之路将会越走越顺畅。

17 对不起，我只说中国话

诵读主体

要启程回国了，钱学森心里一直平静不下来，他就要离开他生活了二十年的美国，尽管近年遭到美国政府和军方不公正的刁难，但这都即将过去，那些在他最艰难的时候支持他、帮助他的朋友，他还是非常舍不得的。

晚上，他和前来看望他的同事朋友依依话别，把家具全送给了帮助过他的朋友，惜别的痛苦和回国的喜悦交织在一起，钱学森一家在兴奋中度过了在美国的最后几天。

1955年9月7日，他们登上了“克利夫兰总统”号游轮。

游轮要航行二十天才能到达中国香港，这二十天多么漫长啊。同船回国的也有不少中国的留学生，钱学森的事情在美国几乎是家喻户晓，现在听说大名鼎鼎的钱学森也在船上，他们高兴地找到钱学森，问长问短。钱学森鼓动他们回国为新中国的建设做贡献。

钱学森买的是三等舱，很拥挤，钱学森为了让夫人、孩子休息好，自己经常到甲板上走走。看着一望无际湛蓝的大海，还有天空上飘着的白云，看着船艉白色的滚滚浪花，还有跟随着邮船翱翔的海鸥，不时传来几声海鸥的鸣叫，钱学森的心情也和船艉翻滚的浪花一样：马上就要回国了，新中国是什么样子？应该不会再有战乱吧，我回去做什么呢？他又想起了父亲的话：要造一架飞机。

总之，钱学森的心情非常好，在美国那段噩梦已经过去了，迎接自己的，肯定是一个非常好的环境。游船沿途停靠，钱学森都没有下船，停靠日本时，有一天的逗留时间，很多乘客上岸观光，钱学森也没下船，因为美军占领着日本，下去怕节外生枝。直到邮船到了中国香港，钱学森才结束了二十多天的旅程。

香港举行了记者招待会，心情很好的钱学森回答着记者的提问，一位记者用英语提问，钱学森用中国话说："对不起，此刻，我只说中国话。"

知人论世

钱学森（1911—2009），生于上海，祖籍浙江杭州。世界著名科学家，空气动力学家、中国载人航天奠基人、中国科学院及中国工程院院士、中国"两弹一星"功勋奖章获得者，被誉为"中国航天之父""中国导弹之父""中国自动化控制之父""火箭之王"。由于钱学森回国效力，中国导弹、原子弹的发射向前推进了至少二十年。

阅读鉴赏

"对不起，此刻，我只说中国话。"为什么钱学森要如此回答？

因为，历经种种磨难之后的这次记者会，钱学森比任何人都清楚，此刻，他是作为一名中国人，向世界宣告他的立场和选择。

早在回国之前，36岁的钱学森已经被美国麻省理工学院聘为终身教授，并在美国定居。这意味着钱学森将拥有别人梦寐以求的优厚物质待遇以及不可估量的远大前程。可谓名利双收。然而，当钱学森得知中华人民共和国成立的消息后，他首先想到的是："我是中国人，我的根在中国。我应该早日回到祖国去，用自己的全部力量为新中国的伟大建设做出贡献。"不仅如此，他还诚恳地对自己的中国留学生说：“祖国已经解放了，国家急需建设人才，我们要赶快把学到的知识用到祖国的建设中去。”这体现了一位爱国志士的志气和操守。

回国的过程并非一帆风顺，而是挫折重重。美国政府对其多加阻挠，甚至逮捕了他。最终在中国政府的交涉下，1955年，钱学森才得以冲破重重阻拦，回到祖国的怀抱。

新生的共和国可谓一穷二白。归国的钱学森一头扎进军事科学的研究里，不仅要隐名埋姓，还要克服极其匮乏的物质条件。然而，他毫无怨言，倾其毕生所学，为祖国的国防事业做出了巨大贡献，被誉为“导弹之父”。祖国也授予了他最高荣誉——“国家杰出贡献科学家”。

钱学森的民族气节和大义更为人们所敬仰，堪称后世之楷模。

思考寄语

君子有所为有所不为。在几千年的传统文化熏陶下，中国人十分崇尚“外圆内方”的处世之道。不是锋芒毕露，义无反顾，而是有张有弛，讲究分寸。经常在方式方法和局部问题上委婉圆融，有所妥协。然而，在事关大是大非、人格问题的原则立场上，却要毫不含糊，旗帜鲜明。这就是方，是人格的自立、自我价值的体现，是对人类文明的孜孜以求，是对美好理想的坚定追求。只圆不方，充其量是个八面玲珑、滚来滚去的圆，不过是被人鄙弃的圆滑之人。

18 陌生人定律

诵读主体

生活中，我们每天都要跟各种各样的陌生人打交道。因为我们的一生中，除了血缘关系，真正的社交关系，都必须跟陌生人建立。

想让别人喜欢你，先要喜欢上对方。打开一个陌生人的心扉，好比打开一扇门，需要真诚的钥匙才可做到。与陌生人交往不必刻意，做一个真诚的自己。

当我们面对一个一无所知的陌生人时，不妨从理解的角度，将心比心、设身处地替他人着想。以何种态度与陌生人交往，决定着一生的运气。

“世界上没有陌生人，只有还不曾了解的朋友。”

知人论世

选自网络。

阅读鉴赏

人际交往能力是现代人不可缺少的素质。其中，与陌生人的交往尤为重要。本文正是从这一点出发，讲述了与陌生人交际中的三大原则：一是相悦原则，要懂得人与人情感上的融洽和相互喜欢，可以强化人际间的相互吸引；二是真诚原则，想吸引什么样的人做朋友，你首先要成为这样的人，反之亦然；三是互惠原则，在与陌生人的交往中，抱着互惠的心态，保持一种谦卑礼让的态度，你会发现，周围的人，也会变得和善。

从陌生人到朋友，这期间考量的正是你的为人处世之道。

思考寄语

一生中，我们将会遇到许许多多的陌生人，从快递小哥、滴滴司机到你就职单位的领导、客户。每一次跟陌生人建立起良好的关系，你就会心情愉快，前途坦荡，与越来越多陌生人相处融洽，是对以后人际关系最佳的铺垫。建立你的好人缘吧，不要轻易地批评指责别人，任何人都不喜欢被别人指手画脚，不要无故表露对别人的厌恶，哪怕对方看起来又蠢又笨、缺乏涵养，也不要不假思索地说一些对方不喜欢的话，当然也不要无原则地讨好，而要以自重赢得尊重。

19 墨子·修身（节选）

诵读主体

志不强者智不达，言不信者行不果。据财不能以分人者，不足与友；守道不笃，遍物不博，辩是非不察者，不足与游。本不固者末必几，雄而不修者其后必惰，原浊者流不清，行不信者名必耗。名不徒生，而誉不自长，功成名遂，名誉不可虚假，反之身者也。务言而缓行，虽辩必不听；多力而伐功，虽劳必不图。慧者心辩而不繁说，多力而不伐功，此以名誉扬天下。言无务为多而务为智，无务为文而务为察。故彼智无察，在身而情，反其路者也。善无主于心者不留，行莫辩于身者不立。名不可简而成也，誉不可巧而立也，君子以身戴行者也。思利寻焉，忘名忽焉，可以为士于天下者，未尝有也。

知人论世

墨子名翟（dí），春秋末期战国初期人。墨子是宋国贵族目夷的后代，生前担任宋国大夫。他是墨家学派的创始人，也是战国时期著名的思想家、教育家、科学家、军事家。墨子是中国历史上唯一一个农民出身的哲学家，曾学儒术，因不满其烦琐的学说，自创墨家学派以抗衡。墨子创立了墨家学说，墨家在先秦时期影响很大，与儒家并称“显学”。他提出了“兼爱”“非攻”“尚贤”“尚同”“天志”“明鬼”“非命”“非乐”“节葬”“节用”等观点。他以兼爱为核心，以节用、尚贤为支点，主张从天子、诸侯国君到各级正长，都要“选择天下之贤可者”来充当；而人民则要服从君上，做到“一同天下之义”，天下人都要相亲相爱，反对恃强凌弱的战争。

墨子在当时有“非儒即墨”之称。墨子死后，墨家分为相里氏之墨、相夫氏之墨、邓陵氏之墨三个学派。其弟子根据墨子生平事迹的史料，收集其语录，完成了《墨子》一书传世。

墨子思想中的合理因素为后来的唯物主义思想家所继承和发展，其神秘主义的糟粕也为秦汉以后的神学目的论者所吸收和利用。作为先秦墨家的创始人，墨子在中国哲学史上产生过重大影响。墨子在“上说下教”中，言行颇多，但无亲笔著作。今存《墨子》一书中的《尚贤》《尚同》《兼爱》《非攻》《节用》《节葬》《天志》《明鬼》《非乐》《非命》等篇，都是其弟子或再传弟子对他的思想言论的记录，是研究墨子思想的重要依据。

阅读鉴赏

“修身”，是中国传统文化中道德修养方面的术语，意为陶冶自我道德情操、培养优良德行。在本文中，墨子用了一大段的正反例反复指导人们怎样修身：心志不坚的，智慧就不能通达；言语无信的，行动就不能有成果；据有财产而不肯济众的，就不值得和他交友；守道不坚定，辨物不广博、别是非不清楚的，不值得和他交游。根本不牢的，枝节必危。天资雄才而不修身的，最终也必定堕落。源头混浊的，流水也就不能清澈。行为没有信用的，声名必受损耗。名望不会无故产生，声誉不会自己增长。功成当然名就，名誉不可虚假，必须反求诸己。能言善辩而行动迟缓，虽雄辩也必定不能听信。勤奋多力而居功自傲，虽劳苦也必定不能图谋。智慧之人内心明辨而不繁言夸耀，勤奋多力而不居功自傲，这就是他们享誉天下的原因。言谈不求繁多而讲究智慧，不图文采而讲究辨察。故那智慧不能辨察，自身又情绪化的人，就背离正道而行了。善不发自内心，就不能保留。行不辩证于自身，就难以树立。名望不可以随随便便地获得，声誉不可弄虚作假地窃立。君子，是以身载行的人。唯利是图，忽视名誉，可以成为天下贤士的人，还不曾有过。

在墨子看来，君子立身处世要注意修养，言行合一，才能成为天下人的表率。如果心里老想着图谋私利，把保持名节的心给丢掉了，这样的人从来也不可能成为好人。

思考寄语

诚信，是为人的基本素质。特别在现代社会中，信用体系建设日益完善，如果一个人坑蒙拐骗，留下不良社会信用记录，可能断送掉自己的前途名誉，所以，立足社会，我们应当做老实人，说老实话，办老实事；用诚实劳动获取合法利益，信守诺言，以信立业，以诚待人。

20 记住回家的路（节选）

诵读主体

生活在今日的世界上，心灵的宁静不易得。这个世界既充满着机会，也充满着压力。机会诱惑人去尝试，压力逼迫人去奋斗，都使人静不下心来。我不主张年轻人拒绝任何机会，逃避一切压力，以闭关自守的姿态面对世界。年轻的心灵本不该静如止水，波澜不起。世界是属于年轻人的，趁着年轻到广阔的世界上去闯荡一番，原是人生必要的经历。所须防止的只是，把自己完全交给了机会和压力去支配，在世界上风风火火或浑浑噩噩，迷失了回家的路途。

每到一个陌生的城市，我的习惯是随便走走，好奇心驱使我去探寻这里的热闹的街巷和冷僻的角落。在这途中，难免暂时地迷路，但心中一定要有把握，自信能记起回住处的路线，否则便会感觉不踏实。我想，人生也是如此。你不妨在世界上闯荡，去建功创业，去探险猎奇，去觅情求爱，可是，你一定不要忘记了回家的路。这个家，就是你的自我，你自己的心灵世界。

知人论世

周国平，中国当代著名学者、作家、哲学研究者，是中国研究哲学家尼采的著名学者之一。

著有学术专著《尼采：在世纪的转折点》《尼采与形而上学》，随感集《人与永恒》，散文集《守望的距离》《各自的朝圣路》《安静》，纪实作品《妞妞：一个父亲的札记》《南极无新闻——乔治王岛手记》等，1998年年底以前作品结集为《周国平文集》（1-6卷），译有《尼采美学文选》《尼采诗集》等。

其散文长于用文学的形式谈哲学，诸如生命的意义、死亡、性与爱、自我、灵魂与超越等，虔诚探索现代人精神生活中的普遍困惑，重视观照心灵的历程与磨难，寓哲理于常情中，深入浅出，平易之中多见理趣。

阅读鉴赏

现代社会，诱惑极多，闯荡之间，极易迷失。很多人因此犹如无头苍蝇一般，浑浑噩噩，迷醉于所谓的上层社会的灯红酒绿、纸醉金迷之中，哪里还会记住自己的家？周国平以自身生活的经历将生活中的哲学融汇于笔端，给我们升起智慧的旗帜和心灵的彻悟：你不妨到现代世界上去闯荡，去建功立业，去探险猎奇，去觅情求爱，但一定要"记住回家的路"。这个"家"，就是你的心灵世界，就是你要真正懂得自己内心最需要的是什么。

我们都希望自己出人头地，都希望自己技高一筹，赢得众人的认可与掌声。问题是鲜花与掌声的背后，我们有没有更刻苦努力的准备，我们有没有耐得住寂寞的毅力，我们有没有禁得起诱惑的定力，我们有没有踏实肯干的决心。找寻目标，积蓄能量，日后方能毫无所惧，成功地"浮出水面"。一个胸无大志的人，是耐不住寂寞的，他们常常会被外面的花花世界所干扰，最后在朝三暮四的动摇与徘徊之中浪费自己的大好时光。

因此，有人说人生就是一场自我修行与修炼。当你找到了自己的方向，就应该耐得住寂寞，禁得起诱惑，驱除掉浮躁，扛得起挫折，执着追求、永不放弃的希望与努力，终将把你历经的一切书写成华丽的乐章。

思考寄语

禁得起诱惑，耐得住寂寞，是一种人生的境界，是我们实现理想的必备素养。尤其是作为年轻人，走上社会，只有禁得起身外的诱惑，方可成就自我，只有耐得住内心的寂寞，方能修成正果。

21 对待弱者的态度，就是你的教养

诵读主体

一个人真正的教养，不要看他如何对待比自己身份高的人，要看他如何对待比自己身份低的人。

知人论世

J.K.罗琳是英国著名作家，代表作品有《哈利·波特》系列小说。

阅读鉴赏

这是 J.K.罗琳在一次读书签名会上，对在场的很多孩子和家长道出的心声。在创作《哈利·波特》系列之前，罗琳的生活可谓非常窘迫。为了坚持写作，她每个月只能靠领取政府救济金生活。在那段漫长的岁月中，她领略着人情冷暖、世间百态。前后身份的转变也使得她对于人的修养有着更为深刻的理解。

很多在师长眼里彬彬有礼的人，往往一转身就换上一副丑恶嘴脸。在公众场合对服务人员动辄打骂的人，并不清楚每一巴掌其实都扇在了自己的脸上。对待强者充满善意只能证明你理智，而对待弱者充满善意才能说明你善良。

好的教养从来都是在无声无息处打动人心，它要求人们在守住本心那份纯真的同时，用所谓的道德去捆绑他人，学会做到谦逊有礼，言行一致。

有知识和有教养是两码事，有知识并不一定有教养，没知识也并不代表无教养。教养和有没有知识没有任何直接关系。一个没有知识的人，同样可以很有教养。对弱者的态度，就是你的教养。

层次高的人，他们更懂得“感同身受”和换位思考，知道每个人都不容易，懂得尊重别人。世事洞明者，不以世故待人。尊重身边的每一个人，保持以礼相待，才能让我们的人生之路越走越宽。

思考寄语

人生的真正目的，在于追求幸福与快乐，而做个有教养的人，是取得幸福和快乐的前提。有教养的人受人尊敬，讨人喜欢；没有教养的人，一句随口的脏话就会让人退避三舍。做个有教养的人吧，把它作为我们做人的一种品质，一种责任，一种义务。不要鄙夷别人无知、贫穷、粗俗。有时候我们拥有各自不同的高度，只不过是出身、智力、成长环境的不同而已。请学会包容和尊重每一个人的高度。要懂得，你对待他人的态度，其实都是在诠释自己。

22 差不多先生传

诵读主体

你知道中国最有名的人是谁？

提起此人，人人皆晓，处处闻名。他姓差，名不多，是各省各县各村人氏。你一定见过他，一定听过别人谈起他。差不多先生的名字天天挂在大家的口头，因为他是全中国人的代表。

差不多先生的相貌和你和我都差不多。他有一双眼睛，但看得不很清楚；有两只耳朵，但听得不很分明；有鼻子和嘴，但他对于气味和口味都不很讲究。他的脑子也不小，但他的记性却不很精明，他的思想也不很细密。

他常说："凡事只要差不多就好了。何必太精明呢？"

他小的时候，他妈叫他去买红糖，他买了白糖回来。他妈骂他，他摇摇头说："红糖白糖不是差不多吗？"

他在学堂的时候，先生问他："直隶省的西边是哪一省？"他说："是陕西。"先生说："错了。是山西，不是陕西。"他说："陕西同山西，不是差不多吗？"

后来他在一个钱铺里做伙计；他也会写，也会算，只是总不会精细，十字常常写成千字，千字常常写成十字。掌柜的生气了，常常骂他。他只是笑嘻嘻地赔礼道："千字比十字只多一小撇，不是差不多吗？"

有一天，他为了一件要紧的事，要搭火车到上海去。他从从容容地走到火车站，迟了两分钟，火车已开走了。他白瞪着眼，望着远远的火车上的煤烟，摇摇头道："只好明天再走了，今天走同明天走，也还差不多。可是火车公司未免太认真了。八点三十分开，同八点三十二分开，不是差不多吗？"他一面说，一面慢慢地走回家，心里总不明白为什么火车不肯等他两分钟。

有一天，他忽然得了急病，赶快叫家人去请东街的汪医生。那家人急急忙忙地跑去，一时寻不着东街的汪大夫，却把西街牛医王大夫请来了。差不多先生病在床上，知道寻错了人；但病急了，身上痛苦，心里焦急，等不得了，心里想道："好在王大夫同汪大夫也差不多，让他试试看吧。"于是这位牛医王大夫走近床前，用医牛的法子给差不多先生治病。不上一点钟，差不多先生就一命呜呼了。

差不多先生差不多要死的时候，一口气断断续续地说道："活人同死人也差……差……差不多……凡事只要……差……差……不多……就……好了……何……何……必……太……太认真呢？"他说完了这句格言，方才绝气了。

他死后，大家都很称赞差不多先生样样事情看得破，想得通；大家都说他一生不肯认真，不肯算账，不肯计较，真是一位有德行的人。于是大家给他取个死后的法号，叫他做圆通大师。

他的名誉越传越远，越久越大。无数无数的人都学他的榜样。于是人人都成了一个差不多先生——然而中国从此就成为一个懒人国了。

知人论世

《差不多先生传》是一篇别具特色的文章，原载于1924年6月28日《申报》，发表时标为"小说"，在我们看来它应属于寓言体的杂文。作者胡适，五四运动的倡导者，曾任北京大学校长，是著名诗人、文史学家。

阅读鉴赏

本文侧重的是对于一种普遍存在的落后的"国民性"的描画，所要强调指出的"国民性"中的消极面是：办事不认真、自欺欺人、敷衍塞责。这是一种消极的混世哲学。文中选择了"差不多先生"买红糖、读书、当伙计、搭火车、看病等日常活动中的细节，从不同侧面反复渲染“凡事只要差不多，就好了。何必太精明呢”这样一种病态的人生态度。文中“差不多先生”反复为自己的“差不多”哲学强自辩解，客观显示的意义是：这种敷衍一切的人生哲学已经深入骨髓。最后以近似戏谑的文字用“差不多先生”笃信的哲学埋藏了“差不多先生”自己。喜剧形式中隐含着批判意识，用虚拟手法强调这种混世哲学的危害性；同样以虚拟手法强调这种混世哲学的普遍性。开头故意不说“差不多先生”为何方人氏，而说“是各省各县各村人氏”；结尾处点出他死后，人们盛赞他“看得破，想得通”，并加给他“圆通大师”的法号，“他的名誉越传越远，越久越大”。这些都表示作者的判断：“差不多”的混世哲学已成为一种社会痼疾；这是一面高悬的明镜，读者诸君，也可以从中照见自己。

尽管这是在20世纪20年代，新文化运动初期及以后一个阶段许多先进知识分子对于落后“国民性”的剖视，但时至今日，这种处事马虎、不肯认真的“差不多”的精神，仍在我们身边的一些人身上依稀存在，比如当下有些媒体舆论所说的佛系青年、丧文化，这不得不使人猛然警醒。

思考寄语

年轻人“佛系”与“躺平”的心态会带来颓废、堕落、自暴自弃，不仅会让自己的心情、生活坠至深渊，也会败坏社会风气。人生有时候不是因为你做过什么而后悔，而是因为你没做过什么而后悔。在很多情况下，比起失败，更令人惋惜的，是错过。学着正视自己的内心，不再那么计较输赢，在行动上做到“最好的准备”，这样以后回想起来，也就没有什么可后悔的了。

23 篱笆上的铁钉

诵读主体

从前，有一个脾气很坏的男孩，他的爸爸给了他一袋钉子，告诉他，每次发脾气或跟别人吵架以后，就在院子的篱笆上钉一根钉子。第一天，男孩钉了37根钉子。以后的日子里，他慢慢学会控制脾气，每天钉的钉子渐渐减少了。他发现，控制脾气实际上比钉钉子要容易得多。有一天，一根钉子都没有了，他高兴地告诉了爸爸。爸爸说："从今以后，如果你一天都没有发脾气，就可以从篱笆上拔掉一根钉子。"日子一天一天过去，后来，篱笆上的钉子全部拔光了。爸爸带他来到篱笆边，对他说："儿子，你做得很好，可是，看看篱笆上的钉孔吧，洞永远也不可能恢复原来的样子了。就像你和一个人吵架，说了些难听的话，你就会在他心里留下一个伤口，像钉子洞一样。"

插一把刀在一个人的身体里，拔出来后，伤口就难以愈合了。无论你怎么道歉，伤口总是存在。要明白，身体上的伤口和心灵上的伤口一样都难以恢复。

你的朋友和你的家人都是你宝贵的生命财富，他们让你更自信，让你更勇敢。他们总是随时倾听你的忧伤，你需要他们的时候，他们会支持你，向你敞开心扉。可是，有时你会说出伤害他们的话，或者做出让他们心痛的事情。不要认为他们不会介意，就像在篱笆上钉过钉子一样，伤害会留下永远的痕迹。

坏脾气是一柄"双刃剑"，在伤害别人的时候，同时也伤害了自己。

知人论世

文章出自《哈佛家训》，作者是威廉·贝纳德。

阅读鉴赏

篱笆上钉的钉子，哪怕拔掉了，留下的钉子洞，永远也不可能恢复了。人的心灵往往是很脆弱的，心上的伤痛是很难痊愈的，所以，不要轻易伤害别人。假如你今天跟一个人吵了架，说了令他伤心的话，那么，即使明天再怎么道歉，那也会像身上的伤一样，就算过了再久，疤印也会一直留着，难以好全。

所以，我们应当学会控制好自己的情绪，不要伤害他人的心灵，否则后悔也没有用了。人生不是一帆风顺的，总会有各种烦心事围绕着你，只要放宽心，冷静做事，多考虑一下别人的感受，多一份谅解，少一些抱怨，我们的生活就会多一些温暖，多一份快乐。

思考寄语

人与人之间常常会因为一些莫名的坚持，而造成彼此间永远的伤害。如果我们都能从自己做起，学会宽容，学会看开，更不要随便乱发脾气，不要随便给一个人定性。说话时要慢，思考时要快。哪怕是打电话，也请你学会微笑，相信对方一定感觉得到。

24 曾国藩六戒

诵读主体

第一戒：久利之事勿为，众争之地勿往。

第二戒：勿以小恶弃人大美，勿以小怨忘人大恩。

第三戒：说人之短乃护己之短，夸己之长乃忌人之长。

第四戒：利可共而不可独，谋可寡而不可众。

第五戒：天下古今之庸人，皆以一惰字致败；天下古今之才人，皆以一傲字致败。

第六戒：凡办大事，以识为主，以才为辅；凡成大事，人谋居半，天意居半。

知人论世

曾国藩（1811—1872），是春秋战国时代曾子的七十世孙，因为在学问和事功方面的成就而备受后世推崇。“六戒”出自曾国藩的《曾国藩家训》。该书是根据晚清名臣曾国藩的家书、家训等史料整理而成的，分为悔弟篇、戒傲篇、谕儿篇；体现了曾国藩在修身治学、为人处世、谨守家风等方面的过人之处，书信文字朴实，具有极强的感召力和说服力。

阅读鉴赏

晚清名臣曾国藩，天资不够聪颖，做人诸多缺点，却被誉为“半个圣人”，读懂曾国藩人生“六戒”，就学到了他的做人做事之道。

第一戒是说，一直能轻易获利的事情不要做，众人都想争抢的地方不要去。有些事看起来源源不断地获利，实则是陷阱乃至骗局。看上去对方不断给你好处，殊不知是放长线钓大鱼，施小惠，取大利。众人争执、争斗的地方不要去，容易惹麻烦或者招致祸患。

第二戒则劝告人们，不要因为别人小的缺点，就忽视他的优点；不要因为小小的恩怨，就忽略了别人的大恩。我们看一个人，要客观公正，不能光盯着对方的缺点，还要学会欣赏对方的优点、学习对方的优点。这不仅是与人相处之道，也是自我完善之道。人的一生中，都会受到他人的恩惠。知道感恩，懂得包容，这样的人更容易得到贵人相助。

第三戒是在讲与人相处之道。那种经常谈论别人缺点的人，内心其实是借此掩饰自己的缺点；经常夸耀自己长处的人，内心其实是嫉妒或者想掩盖别人的长处。了解自己的短处，是一种智慧。认可他人的长处，是一种胸怀。爱嚼口舌，议论他人短处，不仅是情商低的表现，也必然给自己招来怨恨，埋下祸乱的种子，这样的人往往浅薄，难成大器。

第四戒讲取舍之道。谁都渴望得到利益，但是好处不能独占，要懂得与人分享。一个人把好处占尽，必然遭到嫉恨，成为众矢之的。但谋划事情，可以听多数人的意见，和少数人商量，自己做决定。因为要谋大事，成大功，还是要靠自己的眼光、心胸与气度，你的想法未必得到所有人的支持，甚而会遭到他人的非议，这样反而不利于事情的进展。

第五戒则是强调谦虚和勤奋能够弥补智力和才能上的不足，让一个人走得更远。从古至今，如果是个懒惰之人，那他不可能在任何事情方面达到很高的高度。那种才华横溢的人，不管是在哪个行业领域，只要过于自傲，那他到最后肯定会失败。

第六戒告诉世人，对于“办大事”而言，才能不过是一种辅助，主要是靠见识、胸襟和阅历。有才能的人，未必是办大事的人，远见卓识，才是决定性因素。而成大事，则要“尽人事，听天命”。无论做什么事情，都要抱着“尽人事以听天命”的态度。尽心尽力去做事，不要因为客观因素就不去努力，更不能因为自己努力，最终却失败了而去怨天尤人。

思考寄语

曾国藩三十岁之后才开始立志，百般磨炼而成就一番大业，他悟出的“六戒”，对于我们是极其宝贵的人生经验。人生当为一大事来，做一大事去。做大事，一定要不怕苦，要约束自己。别在最能吃苦的年纪选择安逸，如果老天善待你，给了你优越的生活，请不要收敛了自己的斗志；如果老天对你百般设障，更请不要磨灭了对自己的信心和奋斗的勇气。若青春只顾疯狂，卑微就越来越近；几年的放纵，换来的可能是一生的卑微和底层！

致福成义　礼达四方

1 入则孝

诵读主体

父母呼，应勿缓。父母命，行勿懒。
父母教，须敬听。父母责，须顺承。
冬则温，夏则凊。晨则省，昏则定。
出必告，反必面。居有常，业无变。
事虽小，勿擅为。苟擅为，子道亏。
物虽小，勿私藏。苟私藏，亲心伤。
亲所好，力为具。亲所恶，谨为去。
身有伤，贻亲忧。德有伤，贻亲羞。
亲爱我，孝何难？亲憎我，孝方贤。
亲有过，谏使更。怡吾色，柔吾声。
谏不入，悦复谏。号泣随，挞无怨。
亲有疾，药先尝。昼夜侍，不离床。
丧三年，常悲咽。居处变，酒肉绝。
丧尽礼，祭尽诚。事死者，如事生。

知人论世

《弟子规》是清代教育家李毓秀所作的三言韵文。其内容采用《论语》“学而篇”中：“弟子入则孝，出则悌，谨而信，泛爱众而亲仁。行有余力，则以学文”的文义，以三字一句、两句一韵编撰而成。全文共360句、1080个字。核心思想是儒家的孝悌仁爱。

阅读鉴赏

在家中，父母呼唤我们时，应该一听到就立刻回答，不要慢吞吞地答应。父母有事要我们去做，要赶快行动，不要借故拖延，或者懒得去做。父母要我们学好而教导我们时 ，必须恭敬而不可随便，要将话听到心里。我们犯错了，父母责备我们，应当顺从并且承担过失，不可忤逆他们，让他们伤心。为人子女，冬天要留意父母穿得是否温暖，居处是否暖和。夏天，要考虑父母是否感到凉爽。每早起床，一定要看望父母，请问身体是否安好；傍晚回来了，也一定要向父母问安。外出时，先告诉父母要到哪里去，回家以后，一定面见父母，让他们感到心安。日常生活起居作息有一定的秩序，而且对于所从事的事情，不随便改变。事情虽然很小，不要擅自做主而不禀告父母，假如任意而为，就有损于为人子女的本分，东西虽然很小，也不要背着父母，偷偷地私藏起来，被父母知道了，父母心里一定十分难过。父母所喜爱的东西，当子女的都应尽力准备齐全，父母所厌恶的，都该小心排除。万一我们的身体受到伤害，一定会给父母带来忧愁，我们的品格有了缺失，会让父母感到羞辱、没有面子。父母爱护子女，子女能孝顺父母，那是极其天然的事，这样的孝顺又有什么困难呢？如果父母讨厌我们，却还能够用心尽孝，那才算得是难能可贵。一般人总认为，父母要对子女有所付出后，子女才有行孝的义务，这和菜市场的讨价还价有什么两样呢？父母有了过失，当子女的一定要劝谏改正，而劝谏的时候，绝对不可板着面孔，声色俱厉，脸色要温和愉悦，话语要柔顺平和。假如父母不接受我们的劝谏，那要等到父母高兴的时候再劝谏。若父母仍固执不听，有孝心的人不忍父母陷于不义，甚至放声哭泣，来恳求父母改过，即使招父母责打也毫无怨言。当父母有了疾病，熬好的汤药，做子女的一定要先尝尝，是否太凉或太热。不分白天或夜晚，都应该侍奉在父母身边，不可随意离开父母太远，在父母重病时，最需要有人照顾，尤其是自己的子女能在身边陪伴，照顾起居，是父母心中最感温暖与满足的。在父母临终病重之际，为人子女的我们，岂能因为事业忙，或没有时间，而放弃这种时候呢？当父母不幸去世，必定要守丧三年，守丧期间，因为思念父母就常常悲伤哭泣起来，自己住的地方也改为简朴，并戒除喝酒、吃肉的生活享受。办理父母的丧事要依照礼仪，不可草率马虎，祭祀时要尽到诚意。对待已经去世的父母，要像父母生前一样地恭敬对待。

孝悌是中国文化的基础，古人云："百善孝为先。"一个人能够孝顺，他就有一颗善良仁慈的心，有了这份仁心，就可以利益许许多多的人。

思考寄语

家，如果是一个人的堡垒，孝，就是堡垒下的基石。多一份孝心，家就多一份保障，让我们用孝行把家固若金汤堡垒。

《弟子规》这些规矩，看似平常无奇，但如果我们认真去实行，那带给父母的欢欣快乐，可不是有形的东西可以相媲美的。如果我们现在就能培养出这么好的言行举止，将来自然会有意想不到的收获。

2 周公吐哺

诵读主体

其后武王既崩，成王少，在强葆之中。周公恐天下闻武王崩而畔，周公乃践阼代成王摄行政当国。管叔及其群弟流言于国曰："周公将不利于成王。"周公乃告太公望、召公奭曰："我之所以弗辟而摄行政者，恐天下畔周，无以告我先王太王、王季、文王。三王之忧劳天下久矣，于今而后成。武王早终，成王少，将以成周，我所以为之若此。"于是卒相成王，而使其子伯禽代就封于鲁。周公戒伯禽曰："我文王之子，武王之弟，成王之叔父，我于天下亦不贱矣。然我一沐三捉发，一饭三吐哺，起以待士，犹恐失天下之贤人。子之鲁，慎无以国骄人。"

知人论世

周公，姬姓，名旦，是周文王姬昌第四子，周武王姬发的弟弟，曾两次辅佐周武王东伐纣王，并建立礼仪，创制音乐。因其采邑在周，爵为上公，故称周公。周公是西周初期杰出的政治家、军事家、思想家、教育家，被尊为"元圣"和儒学先驱。

本文节选自《史记·鲁周公世家》。

司马迁（前145—？），字子长，夏阳（今陕西韩城南）人，一说龙门（今山西河津）人。西汉伟大的史学家、文学家、思想家。司马谈之子，任太史令，因替李陵败降之事辩解而受宫刑，后任中书令。发奋继续完成所著史籍，被后世尊称为史迁、太史公、历史之父。他以其“究天人之际，通古今之变，成一家之言”的史识创作了中国第一部纪传体通史《史记》（原名《太史公书》），该书记载了从上古传说中的黄帝时期，到汉武帝太初年间，长达3000多年的历史，是“二十四史”之首，被鲁迅誉为“史家之绝唱，无韵之离骚”，被公认是中国史书的典范。

阅读鉴赏

后来武王去世，成王幼小，尚在襁褓之中。周公怕天下人听说武王死了而背叛朝廷，就登位替成王代为处理政务，主持国家大权。管叔和他的诸弟在国中散布流言说：“周公将对成王不利。”周公就告诉太公望、召公奭（shì，式）说：“我之所以不避嫌疑代理国政，是怕天下人背叛周室，没法向我们的先王太王、王季、文王交代。三位先王为天下之业忧劳甚久，现在才刚成功。武王早逝，成王年幼，只是为了完成稳定周朝之大业，我才这样做。”于是终究辅佐成王，而命其子伯禽代自己到鲁国受封。周公告诫伯禽说：“我是文王之子、武王之弟，成王之叔父，在全天下人中我的地位不算低了。但我却洗一次头要三次握起头发，吃一顿饭三次吐出正在咀嚼的食物，起来接待贤士，这样还怕失掉天下贤人。你到鲁国之后，千万不要因有国土而骄慢于人。”

思考寄语

周公虽然有渊博的知识，但他仍然以谦逊的态度对待其他人，希望通过自己礼贤下士的做法，来团结更多的人一起建设国家。这就是圣人告诫儿子传承的家风。周公对儿子言传身教确实值得我们深思！

想让一个集体蓬勃向上的发展，就必须得有人才的推动，必须得注重人才的培养。所以要爱才、惜才、用好才、用对才。成事之道，在于用心。只有用心为人才打造事业发展的平台，营造良好的工作、生活环境，人才的聪明才智才能发挥出来。也惟有如此，人才才能引得来，留得住，干得好。我们应该学习周公谦逊的态度和团结他人的做法，努力向别人学习更多的知识，也团结更多的人为了实现共同的理想——中国梦而奋斗。

3 程门立雪

诵读主体

杨时字中立，南剑将乐人。幼颖异，能属文，稍长，潜心经史。熙宁九年，中进士第。时河南程颢与弟颐讲孔、孟绝学于熙、丰之际，河、洛之士翕然师之。时调官不赴，以师礼见颢于颍昌，相得甚欢。其归也，颢目送之曰："吾道南矣。"四年而颢死，时闻之，设位哭寝门，而以书赴告同学者。至是，又见程颐于洛，时盖年四十矣。一日见颐，颐偶瞑坐，时与游酢侍立不去，颐既觉，则门外雪深一尺矣。

知人论世

杨时（1053—1135），字中立，号龟山，学者称龟山先生。祖籍弘农华阴（今陕西华阴东），南剑西镛州龙池团（今福建省三明市将乐县）人。北宋哲学家、文学家。杨时先后学于程颢、程颐，同游酢、吕大临、谢良佐并称程门四大弟子。又与罗从彦、李侗并称为"南剑三先生"，被后世尊为"闽学鼻祖"。他将"二程"洛学传播至东南等广大地区，在"二程"和朱熹之间起到了承前启后的作用，为闽学及其思想体系的形成打下了坚实的基础，为理学南传及中华文化的传播做出了重要贡献。

程颐（1033—1107），字正叔，洛阳伊川（今河南洛阳伊川县）人，世称伊川先生，出生于湖北黄陂，北宋理学家和教育家。为程颢之胞弟。历官汝州团练推官、西京国子监教授。元祐元年（1086）除秘书省校书郎，授崇政殿说书。程颐与其胞兄程颢共创"洛学"，为理学奠定了基础，世称"二程"。

阅读鉴赏

相传，有一次，杨时和一个同学在读书时争论起来。为了尽快弄清问题，他们就冒着鹅毛大雪，专门去请教程颐老师。

他们走到程老师家门口，看见程老师坐在椅子上睡着了。杨时悄悄地对同学说："程老师正在休息，咱们在这儿等一会儿吧！"他们就一声不响地站在门口，一边默默地背书，一边静静地等候着。

过了很久，程老师醒来，发现两个学生站在大雪纷飞的门外，就急忙把他们拉进屋里，心疼地说：“外边雪这么大，你们为什么不进屋呢？”

杨时望着程老师慈祥的面容，诚恳地说：“老师，您正在休息，我们怎么能惊动您呢！”

思考寄语

虽然故事很小，可给我们的启发很大，第一个启发，它提醒我们要尊重老师，见到老师要问好，上课认真听讲，做老师的帮手。第二个启发，一个四十多岁的人了，还那么好学，用孔子的“其为人也，发愤忘食，乐以忘忧，不知老之将至云尔”这句话来形容杨时再好不过了。鲁迅读书时吃米糕，发现自己把墨水当糖蘸着吃，还说自己肚子里的“墨水”不够多，这一点还嫌太少了；有人学习时，家里没有灯光，就凿开别人家的墙壁用射出的光照着书学习；有人怕晚上学习时睡着就将头发挂在房梁上，以及用锥刺自己的大腿来提神……以前很多人对学习那么痴迷，到了现在，知识是我们一生中最重要的一部分，我们不要想着家里有父母撑着，如果现在不学习，父母老了你怎么办？趁现在好好学习，将来你才能报答父母。

4 龟虽寿

诵读主体

神龟虽寿，犹有竟时。
腾蛇乘雾，终为土灰。
老骥伏枥，志在千里。
烈士暮年，壮心不已。
盈缩之期，不但在天。

养怡之福，可得永年。
幸甚至哉，歌以咏志。

知人论世

曹操（155—220），字孟德，一名吉利，小字阿瞒，沛国谯（今安徽亳州）人，汉族。东汉末年杰出的政治家、军事家、文学家、书法家。三国中曹魏政权的缔造者，其子曹丕称帝后，追尊曹操为武皇帝，庙号太祖。曹操精兵法，善诗歌。本诗抒发自己的政治抱负，并反映汉末人民的苦难生活，气魄雄伟，慷慨悲凉；其散文亦清峻整洁，开启并繁荣了建安文学，给后人留下了宝贵的精神财富，史称建安风骨，鲁迅评价其为“改造文章的祖师”。同时曹操也擅长书法，尤工章草，唐朝张怀瓘在《书断》中评其作为“妙品”。

阅读鉴赏

这是一首富于哲理的诗，是曹操晚年写成的，阐述了诗人的人生态度。诗中的哲理来自诗人对生活的真切体验，因而写得兴会淋漓，有着一种真挚而浓烈的感情力量；哲理与诗情又是通过形象化的手法表现出来的，因而述理、明志、抒情在具体的艺术形象中实现了完美的结合。诗中“老骥伏枥”四句是千古传诵的名句，笔力遒劲，韵律沉雄，内蕴着一股自强不息的豪迈气概，深刻地表达了曹操老当益壮、锐意进取的精神面貌。艺术风格朴实无华，格调高远，慷慨激昂，显示出诗人自强不息的进取精神，热爱生活的乐观精神。

思考寄语

人的一生是短暂的，我们无法改变生命的长短，但我们至少应该做到：不浪费时间，使每一分、每一秒都过得很充实，不虚度光阴。我们现在虽然还无法做出什么丰功伟绩，但是我们可以脚踏实地地做好身边的每一件小事，为将来事业打好基础。

人寿命的长短不完全决定于天，只要保持身心健康就能延年益寿，这里可见诗人对天命持否定态度，而对事在人为抱有信心的乐观主义精神。

5 采薇（节选）

诵读主体

昔我往矣，杨柳依依。
今我来思，雨雪霏霏。
行道迟迟，载渴载饥。
我心伤悲，莫知我哀！

知人论世

《采薇》是《诗经·小雅》中的一篇。历代注者关于它的写作年代说法不一。但据它的内容和其他历史记载的考订，其大约是周宣王时代的作品的可能性大些。周代北方的猃狁（即后来的匈奴）已十分强悍，经常入侵中原，给当时北方人民生活带来不少灾难。历史上有不少周天子派兵戍守边外和命将士出兵打败猃狁的记载。从《采薇》的内容看，当是将士戍役劳还时之作。诗中唱出从军将士的艰辛生活和思归的情怀。

阅读鉴赏

回想当初我离开的时候，连杨柳都与我依依惜别。
如今回来路途中，却纷纷扬扬下起了大雪。
路途曲折漫长难行走，又渴又饥真劳累。
我心里不觉伤悲起来，没有人会懂得我的痛苦的！

思考寄语

这四句诗被后人誉为《诗经》中最好的句子。这是写景记时，更是抒情伤怀。这几句诗句里有着悲欣交集的故事，也仿佛是个人生命的寓言。是谁曾经在那个春光烂漫的春天里，在杨柳依依中送别我？而当我在大雪飘飞的时候经历九死一生返回的时候，还有谁在等我？是《木兰辞》里亲人欢迎的盛况，还是《十五从军征》里荒草萋萋的情景？别离时的春光，回归时的大雪，季节在变换，时光在流逝，我们离去，我们归来，而在来来去去里，失去了什么又得到了什么呢？没有答案，只有漫天的飞雪中一个被沉重的相思和焦虑烧灼的又饥又渴的征人孤独的身影，步履蹒跚地、战战兢兢地走向他不知道的未来。

6 伯牙善鼓琴

诵读主体

伯牙鼓琴，钟子期听之。方鼓琴而志在太山，钟子期曰："善哉乎鼓琴，巍巍乎若太山。"少选之间而志在流水，钟子期又曰："善哉乎鼓琴，汤汤乎若流水。"钟子期死，伯牙破琴绝弦，终身不复鼓琴，以为世无足复为鼓琴者。

知人论世

出自先秦佚名的《伯牙鼓琴》。

阅读鉴赏

伯牙弹琴，钟子期听他弹琴。伯牙在弹琴时心里想着高山，钟子期说："你弹得真好呀，就像那巍峨的泰山。”不一会儿，伯牙心里又想到流水，钟子期又说：“你弹得真好呀，就像那奔腾不息的流水。”钟子期死了以后，伯牙摔琴断弦，终生不再弹琴，认为世上再没有值得他为之弹琴的人了。

思考寄语

人生苦短，知音难求；云烟万里，佳话千载。纯真友谊的基础是理解。中华文化在这方面最形象最深刻的阐释，莫过于俞伯牙与钟子期的故事了。“伯牙绝弦”是结交朋友的千古楷模，他流传至今并给人历久弥新的启迪。正是这个故事，确立了中华民族高尚的人际关系与友情的标准。

7 礼　论

诵读主体

礼起于何也？曰：人生而有欲，欲而不得，则不能无求。求而无度量分界，则不能不争；争则乱，乱则穷。先王恶其乱也，故制礼义以分之，以养人之欲，给人之求。使欲必不穷于物，物必不屈于欲。两者相持而长，是礼之所起也。

礼有三本：天地者，生之本也；先祖者，类之本也；君师者，治之本也。无天地，恶生？无先祖，恶出？无君师，恶治？三者偏亡，焉无安人。故礼，上事天，下事地，尊先祖而隆君师，是礼之三本也。

凡礼，始乎棁，成乎文，终乎悦校。故至备，情文俱尽；其次，情文代胜；其下，复情以归大一也。天地以合，日月以明；四时以序，星辰以行；江河以流，万物以昌；好恶以节，喜怒以当；以为下则顺，以为上则明；万物变而不乱，贰之则丧也。礼岂不至矣哉！立隆以为极，而天下莫之能损益也。本末相顺，终始相应；至文以有别，至察以有说。天下从之者治，不从者乱；从之者安，不从者危；从之者存，不从者亡。小人不能测也。

知人论世

荀子（前313—前238），名况，字卿，战国末年赵国人。因避西汉宣帝刘询讳，称之为孙卿，著名思想家、文学家、政治家，儒家代表人物之一，时人尊称“荀卿”。其曾三次任齐国稷下学宫的祭酒，后为楚兰陵（今山东兰陵）令。荀子对儒家思想有所发展，提倡性恶论，对重整儒家典籍也有相当的贡献。

荀子弟子很多，韩非、李斯和汉初传《诗》的浮丘伯都出其门下。荀子尊崇孔子，又广泛地吸取各家学说的精华，成为先秦百家之学的总结者。

《荀子》全书一共32篇，是他和弟子们整理或记录他人言行的文字。其中《君子》《大略》《宥坐》《子道》《法行》《哀公》《尧问》七篇，或系门人弟子所记，其他皆为荀子自著。

《礼论》是荀子著作中最重要的一篇，系统论述“礼”的起源、内容和作用。篇中关于具体礼制的论述十分丰富，对我们了解古代的礼制具有重要的价值。

阅读鉴赏

荀子在本文中主要论述了“礼”的起源、“礼”的发展和“礼”的作用。

荀子是性恶论者，而人之恶来源于人的欲望，人生来就有欲望，在得不到满足的时候，就会不断地去追求，追求如果没有分寸和界限，就会发生混乱，先王为了避免这种混乱，就制定了“礼”来加以约束，用来养护和满足人民的合理追求。

他认为，“礼”有三个来源：天地、先祖和师长，所以人们尊“礼”便要敬天地、敬先祖、敬师长。

礼的发展也是个由简到繁的过程，发展到最后，才成为成熟的礼仪制度，但这个礼主要指礼仪形式。圣人把高度成熟的礼制作为人们行事的最高准则，遵从它国家就会井井有条，繁荣昌盛；不遵从它，就会礼崩乐坏，积弊横生。

思考寄语

荀子的“礼”论对“礼”的本质有着透彻的见解，对“礼”的起源及其对现实的意义进行了言简意深的阐述。文化需要传承、规范和建设，不能停歇，所以《礼论》值得我们深入研究和时时诵读。

8 孔子论礼

诵读主体

孔子谓季氏：“八佾舞于庭，是可忍也，孰不可忍也？”

三家者以《雍》彻。子曰：“‘相维辟公，天子穆穆’，奚取于三家之堂？”

颜渊问仁。子曰：“克己复礼为仁。一日克己复礼，天下归仁焉。为仁由己，而由人乎哉？”颜渊曰：“请问其目？”子曰：“非礼勿视，非礼勿听，非礼勿言，非礼勿动。”

子曰：“先进于礼乐，野人也；后进于礼乐，君子也。如用之，则吾从先进。”

林放问礼之本，子曰：“大哉问！礼，与其奢也，宁俭。丧，与其易也，宁戚。”

子曰：“君子博学于文，约之以礼，亦可以弗畔矣夫！”

子曰：“道之以政，齐之以刑，民免而无耻。道之以德，齐之以礼，有耻且格。”

知人论世

节选自《论语》。

《论语》是一部能够超越时空，具有永恒价值的经典著作。其中关于“礼”的论述有79处之多，是全书重要内容之一。

周人灭殷后，结合自身的风俗习惯加以糅合改造，成为周礼，并将周礼由祭祀领域扩大到社会政治领域，成为维护宗法等级制的“礼治”。对礼的起源认识虽稍有不同，但从中可以看出，最初的礼起源于先民的原始宗教信仰，用以“表示、传达情感，同时又给情感以确定的形式而成为仪文典式”，经过原始社会和夏、商奴隶王朝长时间的发展演变，再经西周特别是周公“制礼作乐”的改造，成为系统化的、维护统治的重要政治制度。

孔子不满当时“天下无道”、动荡不安的社会，抱着强烈的忧患意识和救世情怀，奔游列国，孜孜以求，倡导“德化”“礼治”。他说：“为政以德，譬如北辰居其所而众星共之。”（《为政》）集中表现了他对礼在政治中的地位和作用的认识。

孔子对周礼抱着很尊敬的心态。在《论语》中多次谈到自己对西周礼乐的向往。子曰：“周监于二代，郁郁乎文哉！吾从周。”（《八佾》）“周之德，其可谓至德也已矣。”（《泰伯》）“如有用我者，吾其为东周乎！”（《阳货》）“甚矣吾衰也，久矣吾不复梦见周公！”（《述而》）

但是，事实上，他对周礼也有许多不满之处，并在推崇周礼的前提下，对周礼进行了许多“损益”。如“周礼”重视祭祀鬼神，而孔子在回答樊迟问知时则主张：“务民之义，敬鬼神而远之，可谓知矣。”（《雍也》）子路问事鬼神的问题，孔子明确地告诉他：“未能事人，焉能事鬼？”（《先进》）他的弟子都认为“子不语怪、力、乱、神。”（《述而》）孔子重人事轻鬼神，革新了“周礼”的基本精神。又如“周礼”规定的宗法制、世袭制在孔子这里也被打破，他提出的“举贤才”打破了亲亲尊尊，主张“学而优则仕”，向社会打开了取仕的大门。

阅读鉴赏

孔子是中国古代最伟大的思想家。《论语》记录了他对当时的一些人和事的看法，以及他对他的学生们所提问题的回答，是我们研究孔子儒家理论的重要文本。

孔子最崇尚长幼、尊卑有序的社会秩序，认为只有这样，社会才能长治久安，所以他认为，不同层次的社会活动也应该使用相应的不同层次的礼制。因此，他认为，季孙氏用八佾舞于庭院是“是可忍孰不可忍”的极其恶劣的事情。这也很好理解，比如，每逢有国家元首来访时，为了表示欢迎，我们总要鸣礼炮21响，你总不能在你家亲戚来串门时也来个礼炮21响，礼制是有不同规格的，否则就乱了套了。

关于个人德行方面，孔子强调“克己复礼”，“非礼勿视，非礼勿听，非礼勿言非礼勿动”。在用人标准方面，孔子提倡任人唯贤，需要注意的是，孔子所言，

“先进于礼乐”是指先学习礼乐再入世做官，而野人则是指出身贫贱的老百姓，“后进于礼乐”则是指先得到官位而后学习礼乐，不习礼乐而能身登官位的，显然都是贵族世家子弟，选择官员时，如果有“先进”和“后进”两种人可选时，孔子主张选择前者。

孔子善于从小处回答大问题，比如说礼的根本时，他认为礼贵在得宜适中，既不铺张奢侈，也不俭约节省，礼贵在真心实意地表达，知道礼之本后，就不会为虚荣心驱使去做舍本求末的事了。

子曰：“君子博学于文，约之以礼，亦可以弗畔矣夫。”这段话可以认为是孔子对君子个人修养的建议，一个人有“文”的内在，加上礼的约束，内心可以接近仁的境界，行事也不会违背道义。

孔子主张“仁政德治”，这是数千年来儒家一脉相承的核心观点。孔子认为，无法让民众心服，只有用道德感化引导，用礼仪来约束的礼治，才可以使天下归心，社会安定。

思考寄语

《论语》中关于“礼”的阐述真实质朴，将抽象的理论具象为对人的日常行为举止的要求，如果我们每一个人都能言行举止分寸有度，就能做到社会安定，人民幸福，否则，就会礼崩乐坏、民不聊生。作为现代社会的一分子，我们每个人都应该努力追求，做一个有益于家庭和社会的君子。

9 记春节

诵读主体

如果说我也有欢乐的时候，那就是童年，而童年最欢乐的时候，则莫过于春节。

春节从贴对联开始。我家地处偏僻农村，贴对联的人家很少。父亲在安国县做生意，商家讲究对联，每逢年前写对联时，父亲就请写好字的同事，多写几副，捎回家中。

贴对联的任务，是由叔父和我完成。叔父不识字，一切杂活：打糨糊、扫门板、刷贴，都由他做。我只是看看父亲已经在背面注明的“上、下”两个字，告诉叔父，他按照经验，就知道分左右贴好，没有发生过错误。我记得每年都有的一副是：荆树有花兄弟乐，砚田无税子孙耕。这是父亲认为合乎我家情况的。

以后就是竖天灯。天灯，村里也很少人家有。据说，我家竖天灯，是为父亲许的愿。是一棵大杉木，上面有一个三脚架，插着柏树枝，架上有一个小木轮，系着长绳。竖起以后，用绳子把一个纸灯笼拉上去。天灯就竖在北屋台阶旁，村外很远的地方，也可以望见。母亲说：这样行人就不迷路了。

再其次就是搭神棚。神棚搭在天灯旁边，是用一领荻箔。里面放一张六人桌，桌上摆着五供和香炉，供的是全神，即所谓天地三界万方真宰。神像中有一位千手千眼佛，幼年对她最感兴趣。人世间，三只眼，三只手，已属可怕而难斗。她竟有如此之多的手和眼，可以说是无所不见，无所不可捞取，能量之大，实在令人羡慕不已。我常常站在神棚前面，向她注视，这样的女神，太可怕了。

五更时，母亲先起来，把人们叫醒，都跪在神棚前面。院子里撒满芝麻秸，踩在上面，巴巴作响，是一种吉利。由叔父捧疏，疏是用黄表纸，叠成一个塔形，其中装着表文，从上端点着。母亲在一旁高声说：“保佑全家平安。”然后又大声喊：“收一收！”这时那燃烧着的疏，就一收缩，噗的响一声，“再收一收！”疏可能就再响一声。响到三声，就大吉大利。这本是火和冷空气的自然作用，但当时感到庄严极了，神秘极了。

最后是叔父和我放鞭炮。我放的有小鞭，灯炮，墊子鼓。

春节的欢乐，达到高潮。

这就是童年的春节欢乐。年岁越大，欢乐越少。二十五岁以后，是八年抗日战争的春节，枪炮声代替了鞭炮声。再以后是三年解放战争、土地改革的春节。以后又有“文化大革命”隔离的春节，放逐的春节，牛棚里的春节，等等。

前几年，每逢春节，我还买一挂小鞭炮，叫孙儿或外孙儿，拿到院里放放，我在屋里听听。自迁入楼房，连这一点高兴，也没有了。每年春节，我不只感到饭菜、水果的味道，不似童年，连鞭炮的声音也不像童年可爱了。

今年春节，三十晚上，我八点钟就躺下了。十二点前后，鞭炮声大作，醒了一阵。欢情已尽，生意全消，确实应该振作一下了。

知人论世

孙犁（1913—2002），原名孙振海，后更名孙树勋，河北衡水人，中国现代小说家、散文家，“荷花淀派”的创始人，历任天津日报社副刊科副科长、报社编委，中国作协天津分会主席，中国作协第四届顾问，第五、第六届名誉副主席，中国文联荣誉委员。1913年5月11日，孙犁出生于河北省衡水市安平县孙遥城村。1924年，跟随父亲前往安国县城上高级小学，开始接触到“五四运动”以后的文学作品。1937年冬，抗日战争全面爆发，孙犁加入抗战工作，并编写了《民族革命战争与戏剧》的小册子，指导敌后的抗日宣传工作。1944年，赴延安，在鲁迅艺术文学院学习和工作，发表了《荷花淀》《芦花荡》等短篇小说。1949年起，主编《天津日报》的《文艺周刊》，并担任中国作家协会理事、作协天津分会副主席等职。20世纪40年代发表的文集《白洋淀往事》是其代表作，其中小说《荷花淀》运用革命浪漫主义的手法，开创了荷花淀派。20世纪50年代又发表了《铁木前传》《风云初记》，散文有《津门小集》《晚华集》《秀露集》《澹定集》等。

阅读鉴赏

这是著名作家孙犁先生回忆童年的一篇散文，文笔优美，感情真挚而深沉。

文中，作者花费大量的笔墨，细致描述了小时候过春节时的各种程序和礼仪，从贴春联，竖天灯，到搭神棚，祭天神，放鞭炮，无不栩栩如生，充满童趣，让人感受到一种真实感人的家庭氛围，最后几节是作家对成年以后那些春节的简短描述，从中我们可以体味到，那些春节已不复童年时的快乐，使散文形成了一种鲜明的对比。同时，反衬出童年时春节的快乐，也让人不由得发出时光不再的慨叹。

最后一节，作者从回忆回到现实，写他八点钟就躺下了，侧面描述了作者对现时春节的不感兴趣，置身物外的隔膜，但十二点前后，又因为鞭炮大作而清醒过来，说“确实该振作一下了”，这是否也是一种辞旧迎新的心态？

思考寄语

客观地说，一年365天，除了气温的变化和昼夜的长短，每一天其实都是一样的，但生活需要仪式感，所以，我们就有了各种各样的节日，而春节作为中华民族最重要的节日，寄托了人们除旧迎新，希望来年五谷丰登、事事顺遂的美好愿望，所以仪式感更强。

愿我们永远保留这美好的年俗。

10 礼仪非儿戏

诵读主体

礼仪文化是中国传统文化的重要组成部分。美国学者赫伯特·芬格莱特将中国称为“一个如神圣礼仪般存在的人类社群”。年复年，日复日，礼仪生活交织着种种敬意与温情，在我们这个和谐大邦世代传承。

《管子·牧民》：“上服度则六亲固，四维张则君令行。”其中，“四维”指的是礼、义、廉、耻。“四维”是国家运行的重要支柱，礼绝则国倾，义绝则国危，廉绝则国覆，耻绝则国灭。国家顺应礼制法度才能使父母兄弟妻子各得其所，社会关系方能稳固。抛弃“礼”，社会发展将会失去平衡。

目前来看，餐饮礼仪、社交礼仪、家礼、开笔礼、成人礼、婚礼等得到越来越多的重视，尤其是婚礼中西合璧、花样繁多。然而，遗憾的是我国并没有一部现行的官修礼仪文本，如《汉仪》《大唐开元礼》般去让人们参考或效仿，以至于很多礼仪活动失去了原有的含义，甚而成了表演、娱乐、哗众取宠的噱头。

婚礼，是人生中最重要的礼仪。《礼记》将之概括为“礼之本也”“万世之始也”。它是各种礼的根本，夫妇合两姓之好，而后繁衍子嗣传宗接代以至于无穷，才为国家兴旺发达、长久存在创造了基础条件。古代国君在迎娶夫人的求婚词中会写道：“请君之玉女，与寡人共有敝邑，事宗庙社稷。”希望您的女儿能够嫁给我，与我一道治理国家，祭祀宗庙社稷。除传宗接代以外，婚礼更多要表达的是夫妇一体、相扶相携、尊卑等同的含义。所以，婚礼仪式中“御布对席”“合卺而饮”“共牢而食”传递的都是这个意思。另外，古代婚礼中还有“拜见公婆”这一礼节，即新娘要在婚后的第二天向公公婆婆见礼，以表达内心的尊重。今天，这一仪式演变为夫妻共同向双方父母敬茶。无论形式如何变化，其基本精神是为了彰显中国的孝亲之道。由此可见，婚礼绝不是一个简单的形式，而是一场正视夫妻关系的启蒙教育。

然而，在现代社会中，如此神圣庄严的时刻竟被一些人视为儿戏，甚至演绎为一场闹剧。尤其表现在那些荒唐而野蛮的“闹婚”陋习方面，闹公婆、闹新郎、闹新娘，手段粗俗卑劣，甚至威胁到当事人生命安全……“无别无义，禽兽之道也。”（《礼记·郊特牲》）此等对社会有害无益的陋习，该收场了。

……

礼仪等同于文明。中国庞大的礼仪系统，是人类社会由野蛮迈向文明的一块历史丰碑。“经礼三百，曲礼三千。”（《礼记·礼器》）每一种礼仪都暗含着人性所特有的道德和对生命的敬畏。自周代，开始设定天子之礼、诸侯之礼、卿相之礼，后来延伸出士人之礼。从孔子以仁释礼开始，经过汉、唐、宋、明、清等多个朝代，政府和官员几番做出“礼下庶人”的尝试，专门制定了“庶人之礼”供民间通用，但均未得到普及推广。其主要原因是存在严格的等级制度，遭到了贵族阶层的阻碍。具体而言，礼仪和礼制是门阀贵族彰显身份、炫耀门第、维护特权的工具，根据等级品阶的不同，他们所穿的服制、所用的器物、乘坐的车辇等各不相同，庶人用礼，损害到贵族阶层的威仪和利益。“礼为有知制，刑为无知设。”（《白虎通义》）甚至有些官员认为，庶人只可施用刑罚。所以，老百姓通用的大都是流传于民间、不完全符合礼制规范、适合于他们生活方式的“礼俗”。历史发展到今天，等级制度和等级差别趋于模糊，官员亦是百姓，百姓皆可为官，“礼”不再是贵族阶层的特权和专属。普通百姓行“礼”不再受到诸多限制，只要有此意愿，皆可以“礼”修身。可以说，“礼”具备了普遍应用的条件，充分说明中国社会的文明程度前进了一大步。在这种情况下，将“礼俗”进行引导和提升，正是时代给予我们的良好契机。

知人论世

本文转载于《光明日报》。

阅读鉴赏

本文一开始就强调礼仪文化是中国传统文化的重要组成部分，“礼仪生活交织着种种敬意与温情，在我们这个和谐大邦世代传承。”

接着，作者引用了《管子·牧民》中的一段话：“上服度则六亲固，四维张则君令行。”强调了礼仪制度在社会生活中的重要性。

作者接下来指出当今社会生活中很多礼仪活动失去了原有的含义，使得礼法沦为儿戏之举。

最后，作者告诉我们，“礼仪等同于文明”，“是人类社会由野蛮迈向文明的一块历史丰碑”，但长久以来，“礼不下庶人”“礼仪和礼制是门阀贵族彰显身份、炫耀门第、维护特权的工具”，历史发展到今天，等级制度和等级差别趋于模糊，普通百姓只要愿意，皆可以“礼”修身。

作者在文中大声倡议，将“礼俗”进行引导和提升，呼唤文明的回归。

思考寄语

礼仪是文明的体现，是否遵守礼仪规范，某种程度上体现了一个人的文明素养，所以同学们应该牢记“八礼四仪”，并在日常行为中实践与提升自己的礼仪意识。

11 何必认识下蛋的母鸡（节选）

诵读主体

钱钟书许多话都流传甚远，而这句“何必认识下蛋的母鸡”，恐怕是街头巷尾大众皆知的。这个故事，都几乎成了一个典故。据说，有一位英国女士，在读完钱钟书的《围城》之后，非常欣赏钱钟书，立马化身狂热粉丝，千方百计弄来钱钟书的号码，想要见上一见。

君却不知钱钟书是连英国女王的邀约都可以放在一旁的人，结果换来电话中一句：假如你吃了个鸡蛋觉得不错，何必要认识那个下蛋的母鸡呢？拒人千里之外，又无法令人觉得尴尬，反而觉得此人当真幽默风趣。现下有许多书籍，主题就是告诉大众，在当今社会生活，须得学会一样说“不”的本事，但拒绝这个事情说起来容易，事到临头时往往又唯唯诺诺。如何拒绝一件自己不愿意的事情，而又不会引人憎恶，实在是一门艺术。

显而易见的是，钱钟书是非常擅长拒绝一事的。温和含蓄，又不失君子风度，由不得要令人想到他于20世纪80年代写的一篇短文中曾说过：做有文化的实在而聪敏的君子。在这句话中，包含了他对世人的希冀，但更多的，是他对自己一生的要求。他活了八十多年，在这不算短暂的时光中，他始终如一，不管是在哪一方面，都是一位有文化的、实在的而且是聪敏的君子。

他天生聪敏这一点是毋庸置疑的，别的且不论，从他《谈艺录》《管锥编》等著作来看，无一不能证明他的聪敏，但这聪敏，同他后天的辛勤和努力，亦是分不开的。在钱钟书和傅雷多年来的往来信件中，其中引人注目的一点是关于傅雷在翻译法国巴尔扎克的《人间喜剧》时，他向钱钟书的请教和切磋，以及钱钟书的细心答疑和回复。

钱钟书的学识深厚，是众所周知的事情。可虽然是早已认定的事情，当这种实力屡屡展现时，还是令人吃惊不已的。听上去是一回事，听旁人言说到底比不上亲眼所见的震撼力。他最后一次在公开场合出现是在一次研讨会上，这个大型研讨会是胡乔木去世前于中宣部主持召开的，主题是关于精神文明问题。在这个会议上，海内外学者对于“精神文明”一词究竟该如何翻译一事争执不下，许久都没有定论。无可奈何之下，胡乔木请来了钱钟书，他到场之后，不过十余分钟的演讲，就平息了这场争论。

当然，也有人不服气。一位美国学者就站起来，认为钱钟书的说法不够准确。钱钟书神色淡然地说，你不是某某的学生吗？请你去看看你老师写的某书某页。一如一位武林高手，已是泰山北斗的境界，化剑气杀意于无形。这位美国学者一听，果然回去翻阅，一看之后顿时傻了眼，或许心里还在暗暗想：原来传说中这位钱钟书的博闻强识果然不是假的，过目不忘的本事大概也是真的。

他的深厚学识，甚至是过目不忘的本领，哪一样不是通过他后天的努力得来的？不论是在清华大学，还是牛津大学，还是后来的蓝田国立师范学院，它们的图书馆中总能看到钱钟书的身影。时常有人看到，他就那样站在图书馆的过道上，手里捧着一本书，一看就是半天，周遭人来人往，他浑然不觉，宛如忙碌人世间，唯独剩下了这本书。因此，他的成就，有天赋的作用，也同他善于思考、勤于学习的性情，不无关系。

抗战结束后，许多知识分子看不清形势，内战之后又去了台湾。可钱钟书没有，他始终留在大陆，至死都不曾离开。他是明智的，有时单纯如孩童，可他的心里却比谁都看得清楚。后来，在他的晚年，人们时常能看到这样的钱钟书：穿着一件蓝呢大衣，围着一块白绸围巾，脚上踩一双意大利制的皮鞋，风度翩翩，宛如一位英国绅士一样潇洒，可又比之多了几分书香气息。有人说，就算要老去，也要优雅地老去。而钱钟书，他就是这样优雅地老去，如同他沉静而优雅的一生。

知人论世

本文选自孟语嫣的《沉默与空白：钱钟书传》，该作品用唯美而诗意的语言，力图诠释鸿儒钱钟书的传奇人生。

钱钟书（1910—1998），江苏无锡人，原名仰先，字哲良，后改名钟书，字默存，号槐聚，曾用笔名中书君，中国著名作家、文学研究家，与饶宗颐并称为“南饶北钱”。

钱钟书长期致力于中国和西方文学的研究。主张用比较文学、心理学、单位观念史学、风格学、哲理意义学等多学科的方法，从多种角度理解和评价文学作品。其著有散文集《写在人生边上》，短篇小说集《人·兽·鬼》，长篇小说《围城》，文论集《七缀集》《谈艺录》及《管锥编》（五卷）等。《管锥编》曾获第一届国家图书奖。

钱钟书的治学特点是贯通中西、古今互见，融汇多种学科知识，探幽入微，钩玄提要，在当代学术界自成一家。

阅读鉴赏

钱钟书先生的志向是做一个“有文化的实在而聪敏的君子”，他也确实做到了。面对美国女粉丝的邀约见面，他能幽默礼貌地说“不”；面对美国学者的质疑，他能告诉对方，答案在某书的某页，就连傅雷翻译《人间喜剧》，也要经常向他请教。

他的深厚学识，是从天上掉下来的吗？当然不是，因为“不论是在清华大学，还是牛津大学，还是后来的蓝田国立师范学院，它们的图书馆中总能看到钱钟书的身影……”

优秀的人总是有优秀的理由，这个理由通常都是好的天赋加特别的勤奋。

思考寄语

本文向我们展示了一位博学多才且气度非凡的国学大师的形象，其机智诙谐、博闻强识让人叹为观止，其孜孜勤读的身影也让人印象深刻，当代青年也要常读书，读好书，多读方有书卷气，博览始能知天下。

12 谈礼貌

诵读主体

眼下，即使不是百分之百的人，也是绝大多数的人，都抱怨现在社会上不讲礼貌。这是完全有事实做根据的。前许多年，当时我腿脚尚称灵便，出门乘公共汽车的时候多，几乎每一次我都看到在车上吵架的人，甚至动武的人。起因都是微不足道的：你碰了我一下，我踩了你的脚，如此，等等。试想，在拥拥挤挤的公共汽车上，谁能不碰谁呢？这样的事情也值得大动干戈吗？

曾经有一段时间，有关机关号召大家学习几句话："谢谢！""对不起！"等等。就是针对上述的情况而发的。其用心良苦，然而我心里却觉得不是滋味。一个有五千年文明的泱泱大国竟要学习幼儿园孩子们学说的话，岂不大可哀哉！

有人把不讲礼貌的行为归咎于新人类或新新人类。我并无资格成为新人类的同党，我已经是属于博物馆的人物了。但是，我却要为他们打抱不平。在他们诞生以前，有人早着了先鞭（比喻先人一步）。不过，话又要说了回来。新人类或新新人类确实在不讲礼貌方面有所创造，有所前进，他们发扬光大了这种并不美妙的传统，他们（往往是一双男女）在光天化日之下，车水马龙之中，拥抱接吻，旁若无人，扬扬自得，连在这方面比较不拘细节的老外看了都目瞪口呆，惊诧不已。古人说："闺房之内，有甚于画眉者。"这是两口子的私事，谁也管不着。但这是在闺房之内的事，现在竟几乎要搬到大街上来，虽然还没有到"甚于画眉"的水平，可是已经很可观了。新人类还要新到什么程度呢？

如果一个人孤身住在深山老林中，你愿意怎样都行。可我们是处在社会中，这就要讲究点人际关系。人必自爱而后人爱之。没有礼貌是目中无人的一种表现，是自私自利的一种表现，如果这样的人多了，必然产生与社会不协调的后果。千万不要认为这是个人小事而掉以轻心。

现在国际交往日益频繁，不讲礼貌的恶习所产生的恶劣影响已经不局限于国内，而是会流布全世界。前几年，我看到过一个什么电视片，是由一个意大利著名摄影家拍摄的，主题是介绍北京情况的。北京的名胜古迹当然都包罗无遗，但是，我的眼前忽然一亮：一个光着膀子的胖大汉子骑自行车双手撒把做打太极拳状，飞驰在天安门前宽广的大马路上。给人的形象是野蛮无礼。这样的形象并不多见。然而却没有逃过一个老外的眼光。我相信，这个电视片是会在全世界都放映的。它在外国人心目中会产生什么影响，不是一清二楚了吗？

最后，我想当一个文抄公，抄一段香港《公正报》上的话：

富者有礼高质，贫者有礼免辱，父子有礼慈孝，兄弟有礼和睦，夫妻有礼情长，朋友有礼义笃，社会有礼祥和。

知人论世

季羡林（1911—2009），山东省聊城市临清人，字希逋，又字齐奘；著名东方学大师、语言学家、文学家、国学家、佛学家、史学家、教育家和社会活动家。

其早年留学国外，通英文、德文、梵文、巴利文，能阅俄文、法文，尤精于吐火罗文（当代世界上分布区域最广的语系——印欧语系中的一种独立语言），是世界上仅有的精于此语言的几位学者之一。为“梵学、佛学、吐火罗文研究并举，中国文学、比较文学、文艺理论研究齐飞”，其著作汇编成《季羡林文集》，共24卷。

阅读鉴赏

低智的人总是容易因为鸡毛蒜皮的事情而与他人起争执，季羡林先生以此为切入口，在本篇短文中阐述了以礼待人、以礼处世的重要性。

文章的最后一段：家者有礼高质，贫者有礼免辱，父子有礼慈孝，兄弟有礼和睦，夫妻有礼情长，朋友有礼义笃，社会有礼祥和，这些说出了作者的心声。

思考寄语

有个词叫作“谦谦君子”，君子遇有矛盾，常常会后退一步，不与他人因琐事争短长，粗鄙者常会咄咄逼人，甚至仗势欺人，无时无刻不在争强好胜。

同学们应该向君子靠拢，做懂礼节、有礼貌的时代青年。

13 大力倡导网络文明

诵读主体

作为孩子家长，我最怕孩子一人在家独处。不仅担心孩子会遭受坏人的骚扰，而且更害怕孩子沉湎于不良网站。现代文明社会，已被人们习惯地称为信息时代，其中一个显著标志就是电脑摆在了家家户户的书桌案头。人们足不出户，通过电脑网络就能知晓奇妙世界的变化。可是，随着网络的迅猛发展和普及，一些网络不文明现象也愈演愈烈：是非美丑不分，色情凶杀横行，侮辱欺诈不断，等等，令人目不忍睹，十分堪忧。

团中央、教育部等部门联合向社会发布的《全国青少年网络文明公约》明确提出“五要五不”：要善于网上学习，不浏览不良信息；要诚实友好交流，不侮辱欺诈他人；要增强自护意识，不随意约会网友；要维护网络安全，不破坏网络秩序；要有益身心健康，不沉溺虚拟时空。这是按照中央确立的《公民道德建设实施纲要》要求，大力引导网络机构和广大网民增强网络道德意识、共同建设网络文明的重要举措，必将在全社会产生广泛而深远的影响。

我们往往把青少年比作祖国的花朵、早晨的太阳、初生的牛犊，这既因为青少年充满朝气，前程远大，预示和代表着祖国的未来、民族的希望，而且还表明青少年虽然人生美丽，但很脆弱。青少年正是长身体、长知识，形成正确的世界观、人生观、价值观的重要时期，受到良好的知识教育和道德熏陶十分关键。很难想象，那些被不良网站俘虏，天天陶醉在不文明网站的青少年，将来会是一个什么样的结局。

让青少年远离不良网站，不仅需要大力培养青少年的网络文明行为，而且需要全社会立即行动起来，坚决取缔毒害青少年的不良网站，从根本上截断不文明现象在网络上的传播。腐朽有害的东西一旦披上现代化的外衣，借助现代化的网络传播，就会欺骗性强，蔓延迅速。我们一定要加大网络监管力度，绝不能使毒害青少年的信息在网络上有可乘之机，败坏网络文明在人们心目中的美好形象。

大力倡导网络文明，一定要全面准确理解《全国青少年网络文明公约》提出的“五要五不”要求，既要竭力杜绝“五不”，又要在“五要”上狠下功夫。这就是一手抓网络管理，一手抓网络繁荣，两手抓，两手都要硬。一方面我们不能因噎废食，为了管理得干净，把“孩子和脏水一起泼出去”；另一方面，我们也应该看到，网络在我国毕竟还是一个科技含量高的新生事物，一些网站缺乏认真负责的作风，网页呆板，内容空泛，实效性差，根本没有多少吸引人的信息。网络文明期盼网络繁荣，只有网络真正做到了健康繁荣，才能最终战胜某些网络的不文明行为，吸引包括广大青少年在内的众多网民。

知人论世

网络文明是指随着信息网络技术的应用而产生的一种新的文明形式。含义十分广泛，主要包括网络技术文明、网络精神文明和网络制度规范文明三个层面。网络文明建设的目的在于创建一个健康、有序、安全、具有活力、没有污染的“绿色”网络环境，防止和制止网络建设和发展过程中一些不文明的东西。

它离不开一定的网络管理制度和规范，是一个系统工程，需要依靠各方面的共同努力。一是依法严格管理，二是网站的自律，三是网民增强文明意识。网络是一把“双刃剑”，只有去弊兴利才能充分发挥其对人类文明的积极作用。

阅读鉴赏

随着时代的发展，网络走进了千家万户，上网已经成为现代人查阅资料、了解社会的重要方式，但同时，网络生活也像实际生活一样，需要受到道德和法规的约束，做到健康上网，这是我们义不容辞的使命。

思考寄语

网络信息良莠不齐，而我们青少年世界观还没完全形成，极易受到不良信息的影响和蛊惑。因此，提高我们辨别是非的能力，增强我们自我控制的能力，尤为重要。

14 中国人的人格理想（节选）

诵读主体

中国人的集体人格应该是什么样的呢？这个问题，既带有历史性、现实性，又带有理想性。

显然，这种集体人格必然与其他民族很不一样。

我可以再借一个外国人来说明这个问题。

这个人我说过多次，就是那位16世纪到中国来的耶稣会传教士利玛窦。他对中国文化进行了数十年精深和全面的研究，很多方面已经一点儿也不差于中国文化人，但我们读完长长的《利玛窦中国札记》就会发现，最后还是在人格上差了关键一步。那就是，他暗中固守的，仍然是西方的“圣徒人格”和“绅士人格”。

与“圣徒”和“绅士”不同，中国文化的集体人格模式，是“君子”。

中国文化的人格模式还有不少，其中衍伸最广、重叠最多、渗透最密的，莫过于“君子”。这也可以说是一个庞大民族在自身早期文化整合中的“最大公约数”。

“君子”，终于成了中国人最独特的文化标识。世界上的其他民族，在集体人格上都有自己的文化标识。除了利玛窦的“圣徒人格”和“绅士人格”外，还有“骑士人格”“灵修人格”“浪人人格”“牛仔人格”，等等。这些标识性的集体人格，互相之间有着巨大的区别，很难通过学习和模仿全然融合。这是因为，所有的集体人格皆如荣格所说，各有自己的“故乡”。从神话开始，埋藏着一个遥远而深沉的梦，积淀成了一种潜意识、无意识的“原型”。

“君子”作为一种集体人格的雏形古已有之，却又经过儒家的选择、阐释、提升，结果就成了一种人格理想。儒家先是谦恭地维护了君子的人格原型，然后又鲜明地输入了自己的人格设计。这种在原型和设计之间的平衡，贴合了多数中国人的文化基因和文化选择，因此儒家也就取得了“独尊”的地位。

不少中国现代作家和学者喜欢用激烈的语气抨击中国人的集体人格，揭示丑恶的“国民性”。看似深刻，但与儒家一比，层次就低得多了。儒家大师如林，哪里会看不见集体人格的毛病？但是，从第一代儒学大师开始，就在淤泥中构建出了自己的理想设计。

这种理想设计一旦产生，中国文化的许许多多亮点都向那里滑动、集中、灌注、融合。因此，“君子”两字包罗万象，非同小可。儒家学说的最简洁概括，即可称之为“君子之道”。甚至，中国文化的钥匙也在那里。

对中国文化而言，有了君子，什么都有了；没有君子，什么都徒劳。

这也就是说，人格在文化上，收纳一切，沉淀一切，预示一切。

任何文化，都是前人对后代的遗嘱。最好的遗嘱，莫过于理想的预示。

后代应该成为什么样的人？中国文化由儒家作了理想性的回答：做个君子。

做个君子，也就是做个最合格、最理想的中国人。我一直认为，中国文化没有沦丧的最终原因，是君子未死，人格未溃。中国文化的延续，是君子人格的延续；中国文化的刚健，是君子人格的刚健；中国文化的缺憾，是君子人格的缺憾；中国文化的更新，是君子人格的更新。

如果说，文化的最初踪影，是人的痕迹，那么，文化的最后结晶，是人的归属。

知人论世

节选自余秋雨《君子之道》，全书分为四个部分：第一部分介绍君子之道的轮廓，缕析儒、道两家在君子之道上的九项要点和四大难题，同时探讨君子如何处理与世间、名誉、伪君子、自由的关系；第二部分阐述了作者余秋雨面对人生问题从佛学中得到的修行感悟，得益于三个“无”，精进于三个“少”，以自如、自在、自由之心化解难题；第三部分为当代中国愿意做君子的年轻人，提供更充分的国际视角，在故事中介绍国外思想家和艺术家的人生价值和终极关怀，互为观照，互相滋养；第四部分汇集了作者的几十篇短文，着眼于君子人格的构建，呼应全书主旨。

阅读鉴赏

十多年来，余秋雨先生读万卷书，行万里路，穷经皓首，苦苦追寻中华民族的本源，探寻中华民族的集体人格，终成正果。

余先生认为，中华民族的集体人格在于君子之道，“做个君子，也就是做个最合格，最理想的中国人”。“中国文化没有沦丧的最终原因，是君子未死”，对

"中国文化而言，有了君子，什么都有了；没有君子，什么都徒劳"。

成为一个君子，是中国文化人的终极追求。

思考寄语

君子人格是中国文化的理想，君子之礼，在于"敬"和"让"二字。"敬"就是高看他人一眼，所以，古时文人时常自称"在下"，以示对他人的尊敬；"让"则是发自君子内心的辞让、不争抢。真正的君子在人们心目中有着非常崇高的地位。

我们应该认真学习君子之道，并时时自我观照，直到成为一个君子。

15 贞观政要（节选）

诵读主体

贞观三年，太子少师李纲有脚疾，不堪践履。太宗赐步舆，令三卫举入东宫，诏皇太子引上殿，亲拜之，大见崇重。纲为太子陈君臣父子之道，问寝视膳之方，理顺辞直，听者忘倦。太子尝商略古来君臣名教，竭忠尽节之事，纲懔然曰："托六尺之孤，寄百里之命，古人以为难，纲以为易。"每吐论发言，皆辞色慷慨，有不可夺之志，太子未尝不耸然礼敬。

贞观十七年，太宗谓司徒长孙无忌、司空房玄龄曰："三师以德道人者也。若师体卑，太子无所取则。"于是诏令撰太子接三师仪注。太子出殿门迎，先拜三师，三师答拜，每门让三师。三师坐，太子乃坐。与三师书，前名惶恐，后名惶恐再拜。

知人论世

《贞观政要》是唐代史学家吴兢所著的一部政论性史书。全书十卷四十篇，分类编辑了唐太宗在位期间，与魏征、房玄龄、杜如晦等大臣在治政时的问题，大臣们的争议、劝谏、奏议等，以规范君臣思想道德和军政思想，此外，也记载了一些政治、经济上的重大措施。该书和《旧唐书》《新唐书》《资治通鉴》等有关贞观政事的记载相比，较为详细，为研究唐初政治和李世民、魏征等人的政治思想提供了重要资料。

吴兢（670—749），字号不详，汴州浚仪（今河南开封）人。唐朝著名史学家。为人耿直，犯颜直谏，颇有建树。

阅读鉴赏

译文：

贞观三年，太子少师李纲患有脚痛的毛病，不能穿鞋走路。于是，唐太宗赏赐给他一辆代步的“车子”，并命令侍卫抬他进入东宫，还下诏命令皇太子亲自迎接他上殿，亲自行礼作揖，以示对他的尊重。李纲为太子讲述君臣父子之间的礼仪，还有日常饮食起居方面的礼节，道理明畅，言语直白，让听者不知疲倦。太子曾经与李纲商讨自古以来，君臣之间的伦理纲常，以及效忠尽节之事，李纲正气凛然地说：“受托于先生，身负辅佐储君的使命，古人认为这件事十分困难，臣却以为十分容易。”每当论起此事，李纲一脸正气，言语激昂，透露出一种刚正坚定的志向，太子每一次都为之肃然起敬。

贞观十七年，唐太宗对司徒长孙无忌、司空房玄龄说：“三师是以德行来教导太子的人。如果三师的身份卑下，太子就没有学习的榜样。”于是下诏，让人编撰太子接待三师的礼仪制度，太子要走出殿门迎接师父，先礼拜三师，然后三师答拜，每当过门时要让三师在前，三师坐下后，太子才能坐，写给三师的书信，前边称“惶恐”，后边再写上“惶恐再拜”。

本文主要讲述了唐太宗对太子教育的重视，太子就是将来的皇帝，如果教育不当，即位之后执政不力，国家就可能走向灭亡。

在对太子的教育中，唐太宗十分重视老师的地位，认为老师是太子应该效仿的榜样，在与老师的接触中，唐太宗敦促太子要严守礼仪，甚至下诏，让人编撰专门的礼仪制度。

唐太宗尊师重教的行为无疑是值得推崇的。

思考寄语

尊师重教，不是新时期出现和自造的新词，而是自古有之，“尊师”一词最早出自《礼记·学记》。我们也读过不少其他与尊师重教相关的文章，例如《师说》《程门立雪》《汉明帝敬师》，等等，无一不说明了老师的重要地位与求学问教的重要意义。其实，古今中外，不管凡人、伟人；智者、庸者；成大事者、为小业者，几乎都有求学的经历。尊敬老师，其本质就是尊重知识、尊重教育，希望同学们也能继承尊师重教的优良传统，使之成为一种社会风气，成为文明社会的一种标志。

16 克己复礼为仁

诵读主体

颜渊问仁，子曰：“克己复礼为仁。一日克己复礼，天下归仁焉。为仁由己，而由人乎哉？”

颜渊曰：“请问其目？”子曰：“非礼勿视，非礼勿听，非礼勿言，非礼勿动。”

颜渊曰：“回虽不敏，请事斯语矣。”

知人论世

节选自《论语》。

颜回（前521—前481），别称颜子、颜渊，字子渊，春秋末期鲁国人，是孔子最得意的弟子，是孔门十哲之一、孔门七十二贤之首，儒家五大圣人之一，《论语》编撰者之一。《论语·雍也》说他“……一箪食，一瓢饮，在陋巷，人不堪其忧，回也不改其乐……”为人谦逊好学，“不迁怒，不贰过”。孔子称赞他“贤哉，回也”，“回也，其心三月不违仁”。(《雍也》)不幸早死。

颜回素以德行著称。严格按照孔子关于“仁”“礼”的要求，“敏于事而慎于言”。故孔子常称赞颜回具有君子四德，即强于行义，弱于受谏，怵于待禄，慎于治身。他终生所向往的就是出现一个“君臣一心，上下和睦，丰衣足食，老少康健，四方咸服，天下安宁”的无战争、无饥饿的理想社会。

公元前481年，颜回先孔子而去世，葬于鲁城东防山前。孔子对他的早逝感到极为悲痛，不禁哀叹说：“噫！天丧予！天丧予！”

颜回一生没有做过官，也没有留下传世之作，他的只言片语，收集在《论语》等书中，其思想与孔子的思想基本是一致的。后世尊其为“复圣”。

阅读鉴赏

译文：

有一次孔子的弟子颜回请教如何才能达到仁的境界。孔子回答说：努力约束自己，使自己的行为符合礼的要求。如果能够真正做到这一点，就可以达到理想的境界了，这是要靠自己去努力的。颜回又问：那么具体应当如何去做呢？孔子答道：不符合礼的事，就不要去看、不要去听、不要去说、不要去做。颜回听后向老师说：我虽然不够聪明，但决心按照先生的话去做。

这是孔门传授的“切要之言”，是一种紧要的、切实的修养方法。孔子说的“克己复礼”是在说一种具体的学习和修养方法；这里说的“礼”，就是指当时社会生活中实行的各种礼仪规范，而学习各种礼仪，正是孔子教学的重要内容。值得注意的是，孔子在这里强调的，不是应当按礼仪规范去待人接物，而是不符合礼的事就不要去做。也就是说，学习礼，不仅仅是要依礼而行，更重要的，是要随时警惕自己不要去做失礼的事——“非礼勿视、非礼勿听、非礼勿言、非礼勿动”，要做到这“四勿”，就必须“克己”，也就是要随时注意约束自己，克服种种不良习性和私心，这其实也正是今天我们常说的战胜自我。

当然，孔子强调随时注意不失礼，不是希望弟子都变得循规蹈矩、谨小慎微。孔子认为：礼的本质是仁爱。如果人们都能依礼行事、非礼不行，那么他们就会在不知不觉中提升自己的人格而成为一个“仁者”。

孔子以遵循社会行为准则为人生目标，对形成中国人特有的人生观、价值观起到了重要作用。那种以献身社会放弃自我为荣的信念，使很多传统的中国人在为家庭、亲友和社会献出自己的劳动、财富甚至生命的时候，不是体会到了痛苦，而是感到了自豪。从这方面讲，这种人生观、价值观对传统中国人在困境中保持心身平衡有着积极的意义。

思考寄语

个人欲望与社会规范之间存有冲突。遵守社会公允的礼仪制度，常常需要克制自己。认识“克己复礼为仁”的深层含义，不仅能准确把握其在思想史上的价值，也对当今继承中华优秀传统文化，培育社会主义核心价值观有强大助益。当个人追求跟他人和群体需求发生冲突时，就得汲取“克己复礼”一类古训精髓，推己及人，将心比心，“己所不欲，勿施于人”，处理好个人与他人、集体之间的利益关系。

17 墨子·兼爱上（节选）

诵读主体

若使天下兼相爱，爱人若爱其身，犹有不孝者乎？视父兄与君若其身，恶施不孝？犹有不慈者乎？视弟子与臣若其身，恶施不慈？故不孝不慈亡。犹有盗贼乎？故视人之室若其室，谁窃？视人身若其身，谁贼？故盗贼亡有。犹有大夫之相乱家、诸侯之相攻国者乎？视人家若其家，谁乱？视人国若其国，谁攻？故大夫之相乱家、诸侯之相攻国者亡有。若使天下兼相爱，国与国不相攻，家与家不相乱，盗贼无有，君臣父子皆能孝慈，若此则天下治。

知人论世

墨子名翟（dí），春秋末期战国初期宋国人。墨子是宋国贵族目夷的后代，生前担任宋国大夫。他是墨家学派的创始人，也是战国时期著名的思想家、教育家、科学家、军事家。墨子是中国历史上唯一一个农民出身的哲学家，曾学儒术，因不满其烦琐的学说，自创墨家学派以抗衡。墨子创立了墨家学说，墨家在先秦时期影响很大，与儒家并称“显学”。他提出了“兼爱”“非攻”“尚贤”“尚同”“天志”“明鬼”“非命”“非乐”“节葬”“节用”等观点。他以兼爱为核心，以节用、尚贤为支点，主张从天子、诸侯国君到各级正长，都要“选择天下之贤可者”来充当；而人民则要服从君上，做到“一同天下之义”，天下人都要相亲相爱，反对恃强凌弱的战争。

墨子在战国时期创立了以几何学、物理学、光学为突出成就的一整套科学理论。在当时的百家争鸣，有“非儒即墨”之称。墨子死后，墨家分为相里氏之墨、相夫氏之墨、邓陵氏之墨三个学派。其弟子根据墨子生平事迹的史料，收集其语录，完成了《墨子》一书传世。

墨子思想中的合理因素为后来的唯物主义思想家所继承和发展，其神秘主义的糟粕也为秦汉以后的神学目的论者所吸收和利用。作为先秦墨家的创始人，墨子在中国哲学史上产生过重大影响。墨子在“上说下教”中，言行颇多，但无亲笔著作。今存《墨子》一书中的《尚贤》《尚同》《兼爱》《非攻》《节用》《节葬》《天志》《明鬼》《非乐》《非命》等篇，都是其弟子或再传弟子对他的思想言论的记录。这是研究墨子思想的重要依据。

阅读鉴赏

译文：

假若天下都能相亲相爱，爱别人就像爱自己，还能有不孝的吗？看待父亲、兄弟和君上像自己一样，怎么会做出不孝的事呢？还会有不慈爱的吗？看待弟弟、儿子与臣下像自己一样，怎么会做出不慈的事呢？所以不孝不慈都没有了。还有盗贼吗？看待别人的家像自己的家一样，谁会盗窃？看待别人就像自己一样，谁会害人？所以盗贼没有了。还有大夫相互侵扰家族，诸侯相互攻伐封国吗？看待别人的家族就像自己的家族，谁会侵犯？看待别人的封国就像自己的封国，谁会攻伐？所以大夫相互侵扰家族，诸侯相互攻伐封国，都没有了。假若天下的人都相亲相爱，国家与国家不相互攻伐，家族与家族不相互侵扰，盗贼没有了，君臣父子间都能孝敬慈爱，像这样，天下也就治理了。

《兼爱》分为上、中、下三篇，这是上篇，篇幅较短，但兼爱的主旨已表露无遗。所谓“兼爱”，就是要人们都视人如己，爱人如己，相亲相爱，无所偏私。“兼”，有“兼顾”“无差等”之意，“兼爱”就是普遍平等的爱，不分贵贱、无差别的爱。

战国时期，是中国古代由奴隶制向封建制转型的过渡时期。这个时期社会混乱，因诸侯、大夫互相攻伐，导致战火连绵不断，民不聊生，纲纪废弛，礼崩乐乱。战争给百姓带来沉重的灾难。针对当时社会混乱状况，墨子提出补救的办法，就是要人们“兼相爱”，这样就“君臣父子皆能孝慈”，而天下能得到治理。

墨子“兼相爱”思想是一种高标准的理想社会的道德观，在战国时期没被封建统治阶级采纳，因为它太理想化了，既不符合封建统治阶级的等级特权思想的要求，也不符合当时广大社会成员普遍的思想觉悟水平，脱离了当时的经济基础和客观现实，幻想跨越阶级之间利益差别而实现不同社会成员之间的调和，这种道德模式实质上是一种美好的幻想。因此，“兼相爱”一直沉睡了两千多年。这两千年正值中国帝王专制的两千年，也是中国人民在黑暗中受苦受难、挣扎革命的两千年。墨子的“兼爱”思想，是无法苟合于特权专制政体的，而要重兴，必然要等到君王集权彻底被粉碎，人民当家作主，以人为本的时期。今天，我们正努力实现中国梦，构建和谐世界，时代在呼唤“爱人”的伦理道德，是墨子“兼爱”思想大放光芒的时候了。

思考寄语

人是社会中的人，人人需要爱，人际间也需要爱。但是，随着我国市场经济的实行，对外开放的展开，人们确实是富了，但人与人之间的感情日渐淡化，人情味也不浓了，一事当前先为自己打算，只自爱不爱人，爱物胜过爱人，拜金主义，金钱至上，损人利己，坑人骗人，等等缺德现象层出不穷，这些现象普遍存在于家庭、社会和日常生活中，而且日趋严重。对此，加强社会道德建设尤为重要，我们应从墨子那里批判地吸收关于“爱人”的伦理思想，弘扬“兼爱”的传统美德，让“兼爱”大放光芒！

18 礼记·儒行（节选）

诵读主体

温良者，仁之本也；敬慎者，仁之地也；宽裕者，仁之作也；孙接者，仁之能也；礼节者，仁之貌也；言谈者，仁之文也；歌乐者，仁之和也；分散者，仁之施也。儒皆兼此而有之，犹且不敢言仁也。其尊让有如此者。

知人论世

《礼记》又名《小戴礼记》《小戴记》，成书于汉代，为西汉礼学家戴圣所编。《礼记》是中国古代一部重要的典章制度选集，共20卷49篇，书中内容主要写先秦的礼制，体现了先秦儒家的哲学思想（如天道观、宇宙观、人生观）、教育思想（如个人修身、教育制度、教学方法、学校管理）、政治思想（如以教化政、大同社会、礼制与刑律）、美学思想（如物动心感说、礼乐中和说），是研究先秦社会的重要资料，是一部儒家思想的资料汇编。

阅读鉴赏

译文：

温和而善良，是仁德的根本。严谨而慎重，是仁德的立足之地。宽厚与大度，是仁德的应用。谦逊地待人接物，是仁德的技能。以礼仪节制自己言行，是仁德的外在体现。言谈话语，是仁德的文理显现。诗歌和音乐，是仁德的和谐体现。分散资财，是仁德的施与行为。儒者全部拥有了这一切， 仍然不敢说已经符合仁德的标准。儒者就是这样有尊有让。

仁义礼智信为五常，而仁为五常之本；好比春夏秋冬为四时，而春为四时之初。春季从正月开始，仁德的修养从温和善良开始。温和善良如春风，春风使万物发生，温和善良使人向善，因此说“温良者，仁之本也”。

大地是万物赖以存在和生长之处，若无大地，万物都无处存在。儒者的言行，在于严谨和慎重，即谨言慎行。言而无信、信口开河、虚伪欺诈，则谈不到仁德；言而无行、轻浮妄行、胡作非为，更谈不到仁德。所谓“敬慎”，需要内心不放纵知己的言行。

无宽裕之行，则仁德不作。所说的是，宽容地对待一切，不将个人之意强加于任何人，即使是善意也不强加于人；对于他人的过错能够理解并宽容地对待，即使是对于罪犯也不会失去仁心，如此才能永恒地安心。

仁德不是凭口说出来的，即使口说仁德千万言，未必就是仁德。仁德只能是通过发自内心的言行来落实，而且在言行两方面，以行为先，所谓“孙接”“礼节”“言谈”“歌乐”“分散”都可以说是“行”，“孙接”尤其重要。所谓“孙接”，关键在于在待人接物上的谦逊辞让。若无谦逊辞让，虽然有礼，也只是徒有其形式，而不能说有礼之实。儒者的谦逊辞让，正因为是发自内心的，所以，不是装模作样，不会心存不平之气。

儒者还要有礼节。所谓礼节，是以礼自节。孔子说：“非礼勿视，非礼勿听，非礼勿言，非礼勿动。”我们虽然可以号召他人“以礼自节”，却不是要用礼去节制他人；“以礼自节”不是把主要工夫花费在外在礼貌上，而是要把主要精力应用在内在的真诚与仁德上。

言谈包括作文和说话两方面，是仁德的文理显现。《正义》说“言语谈说是仁儒之文章”，“文”是指人生来就具备的“文理”，即“至诚”的“本心”“至善”的“本性”；“章”是指“文理”的彰显，只要“文理”不被遮蔽、磨损，“文理”就会自然显现。

“歌乐”指的是诗歌与音乐，是内外的统一。诗歌与音乐的和谐来自人的内心和谐，和谐的诗歌与音乐又能调节人的内心而达到和谐。

仁德还体现于不私自蓄积资财，而能够分散资财。《礼记大学》中说：“生财有大道，生之者众，食之者寡，为之者疾，用之者舒，则财恒足矣。仁者，以财发身；不仁者，以身发财。未有上好仁，而下不好义者也；未有好义，其事不终者也；未有府库财，非其财者也。”因此，儒者不得位时“以财发身”；得位时则使庶民得到应该得到的安乐和利益。

儒者“自卑而尊人”，谦逊而守礼，因此，即使是具备了所有的仁德，仍然不敢自称为仁。圣贤君子所重视的是道德仁义，而永远不自傲。不以年龄自傲，不以富贵自傲，不以技能自傲，也不以德行自傲。因此，儒者真诚笃敬地学习圣贤君子之道，但永远不以圣贤君子自居。

孔子这里所说的儒行，体现了一种友爱精神，这种人与人之间的温柔贤良、恭敬谨慎、宽厚包容、谦逊待人，都体现了儒者显著的个性特色，而这些都是一个正常人应该切实实行的。

思考寄语

“儒”在中华传统文化中是人们德行修养的重要标志：以儒为官，称为儒吏；以儒治兵，称为儒将；以儒经商，称为儒商；以儒行医，称为儒医……人们之所以喜欢在职业名称前面加上一个“儒”字，是因为它不仅仅是知识渊博的代名词，更是德行高尚的同义语。

《儒行》中孔子从自立、容貌、备预、近人、特立、刚毅、仕、忧思、宽裕、举贤援能、任举、特立独行、规为、交友、尊让等方面予以说明。

儒者能够理性看待形势，见贤思齐，与时偕行，始终以心中的道德标准要求自己。即使时运不济、屡遭困顿，他们也不改志向，而是坚忍不拔，努力实现抱负。这体现了一种“天下兴亡，匹夫有责”“先天下之忧而忧，后天下之乐而乐”的责任意识与担当精神。正因为有着强烈的责任意识与担当精神，他们苦读圣贤之书、深究经世济民之道，积极为百姓谋利解难、为国家和民族分忧尽责，做到“鞠躬尽瘁，死而后已”。儒者的这种责任意识与担当精神，今天仍然可以结合时代要求大力传承与弘扬；对于我们每个人，也一定是有其价值的。

19 孟子·告子下（节选）

诵读主体

任人有问屋庐子曰：“礼与食孰重？”曰：“礼重。”

“色与礼孰重？”曰：“礼重。”

曰：“以礼食，则饥而死；不以礼食，则得食，必以礼乎？亲迎，则不得妻；不亲迎，则得妻，必亲迎乎！”屋庐子不能对，明日之邹以告孟子。

孟子曰：“于答是也何有？不揣其本而齐其末，方寸之木可使高于岑楼。金重于羽者，岂谓一钩金与一舆羽之谓哉？取食之重者，与礼之轻者而比之，奚翅食重？取色之重者，与礼之轻者而比之，奚翅色重？往应之曰：‘紾兄之臂而夺之食，则得食；不紾，则不得食，则将紾之乎？逾东家墙而搂其处子，则得妻；不搂，则不得妻，则将搂之乎？’”

知人论世

儒家礼学思想在中国传统文化思想体系中一直占据着举足轻重的地位。以孔子、孟子、荀子为代表的先秦儒家学派是礼乐文化的传承者，礼是先秦儒家思想体系中最重要的范畴之一。孔子倡导的“礼”经后世历代儒家学者推阐发扬，逐步成为中国古代传统文化的核心，成为中国古代官方肯定的思想规范和行为规范。“礼”大致包括内外两个层次：其一，外在的礼文仪式即“文”，包括礼典、礼器、礼仪、礼俗等内容。名位不同，礼亦异数。从饮食服饰、宫室舆马到生死法则、棺椁祭祀的礼仪等，不论大小、多寡、丰约、尊卑无不要求与其名分地位成正比，而且礼还突出强调尊卑有序，不得僭越。其二，内在的礼义情感即“质”，包括君仁臣忠、父慈子孝、兄良弟悌、夫义妇听、长惠幼顺等人伦感情。礼通过一定礼文仪式主要是表达、修饰此诸种道义人心。礼，一方面凸显并维护、巩固着政治社会中尊卑贵贱、长幼亲疏的人伦秩序，另一方面又规范着人际间仁爱、忠信、慈惠、孝悌、谦恭、敬让等真善美的感情。

阅读鉴赏

译文：

任国有个人问屋庐子：“礼节和吃饭哪样重要？”屋庐子说：“礼节重要。”那人又问：“娶妻和礼节哪样重要？”回答说：“礼节重要。”那人又问：“按照礼节求饭吃，却吃不上而饿死；不按礼节求饭吃，却吃上了饭，那么也一定要按礼节行事吗？按礼迎亲娶亲，却娶不到妻子；不按礼迎亲，却能娶到妻子，那么也一定要行迎亲礼吗？”屋庐子不能回答，第二天就到邹国去，把问题告诉给孟子。孟子说：“回答这个问题有什么困难呢？不度量原来基础的高低，只比较它们的末端，那么寸把长的木块也能使它高过尖顶的高楼。金属比羽毛重，难道是就一只金属带钩和一车子羽毛相比来说的吗？拿吃饭的重要问题同礼节的细小方面相比，何止是吃饭重要？拿娶妻的重要问题同礼节的细小方面相比，何止是娶妻重要？你去这样回答他：‘扭住哥哥的胳膊夺他的饭吃，就能得到饭吃；不扭就得不到饭吃，那么就该扭他吗？翻过东边人家的墙头，搂抱那家的闺女，就能得到妻子；

不去搂抱，就得不到妻子，那么就该去搂抱吗？”

这段文字记述的是一场辩论。以诡辩对诡辩，以极端对极端，这是孟子在这里所采用的论辩方法。任国人采取诡辩的方式，把食与色的问题推到极端的地步来和礼的细节相比较，提出“哪个重要”的问题，企图迫使屋庐子说食、色比礼更重要。屋庐子当然不会这样说，但由于他落入了对方的圈套而不能跳出来，所以就只好求助于老师了。孟子一听就识破了对方的诡辩手段，并且生动而一针见血地指出：“不揣其本而齐其末，方寸之木可使高于岑楼。”接着从金属与羽毛的比重问题过渡到分析任国人诡辩的症结所在。这里实际上说的就是类比推理的方法问题。

孟子的意思很明确，类比应该让比较的对象双方在同一水平线、同一基准上，而不应该把一个对象推到极端来和另一个对象的细节相比较。这样比较出来的结果，当然是荒谬的了。孟子以其人之道，还治其人之身，教给学生以诡辩对诡辩的说法，从而战胜了对方。这充分展现了孟子作为一个智者的思维方式和论辩艺术。实际上，他在这里指出了类比推理的重要的规则：类比的性质应该是本质的，类比的过程应该采取同一标准。

思考寄语

“食”“色”是人的本能欲望，出于天然，发自本性，只要有节制，“发乎情，止乎礼”，要合乎“礼”，就是孔子说的“非礼勿视，非礼勿言，非礼勿听，非礼勿动”。

今天我们要建设的社会主义和谐社会，是民主法治、公平正义、诚信友爱、充满活力、安定有序、人与自然和谐相处的社会。一个社会安定有序，本身就是不同利益群体各显其能、各得其所而又和谐相处的表现。如果人们在社会公共生活中随心所欲、各行其是，整个社会就会处于无序的混乱状态，人民群众就不可能安居乐业，社会和谐也就无从谈起。因此，合乎“礼”的有序的公共生活对构建和谐社会显得尤为重要。

20 呻吟语·伦理（节选）

诵读主体

人子之事亲也，事心为上，事身次之，最下事身而不恤其心，又其下事之以文而不恤其身。

人心喜则志意畅达，饮食多进而不伤，血气冲和而不郁，自然无病而体充身健，安得不寿？

故孝子之于亲也，终日干干，惟恐有一毫不快事到父母心头。自家既不惹起，外触又极防闲，无论贫富、贵贱、常变、顺逆，只是以悦亲为主。盖“悦”之一字，乃事亲第一传心口诀也。

即不幸而亲有过，亦须在悦字上用工夫，几谏积诚，耐烦留意，委曲方略，自有回天妙用。

若直诤以甚其过，暴弃以增其怒，不悦莫大焉，故曰不顺乎天不可以为子。

知人论世

吕坤（1536—1618），明代思想家，自号抱独居士。生于嘉靖十五年（1536），河南宁陵人，万历二年（1574）进士，历官右佥都御史，巡抚山西。因不满朝政，遂称病辞官，家居20年，以著述、讲学为务。他指斥言行不一、空谈天道性命的道学家为“伪”，为“腐”，提倡“于国家之存亡，万姓之生死，身心之邪正”有用的实学。时人称其著述“多出新意”，其精华在于博宗百家，通其大意，穷其旨趣，而自得为宗，除诸家的“偏见”，而达于“一中”。他自称“不儒不道不禅，亦儒亦道亦禅”。著述甚多，有《去伪斋集》《呻吟语》《阴符经注》《四礼疑》《四礼翼》等。

《呻吟语》是吕坤（1536—1618）所著的语录体、箴言体的小品文集。吕坤积三十年心血写成此著述，他在原序中称：“呻吟，病声也，呻吟语，病时疾痛语也。”故以“呻吟语”命名。

该书共6卷，前3卷为内篇，后3卷为外篇，内篇分为性命、存心、伦理、谈道、修身、问学、应务、养生，外篇分为天地、世运、圣贤、品藻、治道、人情、物理、广喻、词章等十七篇。反映出作者对社会、政治、世情的体验，对真理的不懈求索。其中闪烁着哲理的火花和对当时衰落的政治、社会风气的痛恶。表现出其权变、实用、融通诸家的思想。

阅读鉴赏

译文：

作为子女侍奉父母，重要的是关怀父母的心意，其次是照料父母的身体。最不好的是虽然照料父母的身体但并不体谅其心意，更坏的是只讲空话而没有照料父母的行为。

人心里高兴，情绪就畅快，食欲也因此增加而又不至于伤身，血气能通和而不会抑郁，身体健康而不会生病，怎么会不长寿呢？

所以孝子对于双亲要时刻加以注意，怕有丝毫不快之事烦扰父母。自己不触犯双亲，又预防外界影响，无论贫富、贵贱及变动之时、逆顺之境，都应令双亲欢喜为第一。使父母欢喜，是侍奉他们的第一秘诀。

即使父母有些过失，也应该在“悦”字上下功夫，在令他们欢喜的前提下想办法。诚挚劝谏，不厌其烦，认真留意，委婉策略，自有奇妙的效果。

倘若直言其过而增加过失，脾气暴躁而使其恼怒，就会使之受到极大的伤害。因此可以说，不顺从双亲，就算不上是好子女。

孔子说：“夫孝，天之经也，地之义也。人之行莫大于孝。”孝道是中华民族的传统美德。吕坤将孝道讲得非常透彻，侍奉父母做得最好的是让父母心情愉快，其次是照料好父母的身体，差的是只照料父母的身体却不体谅他们的心情，更差的是虚假一套，连对父母身体也没有实际的关照行动。我们行孝，就要重视“事心为上”。

当然，现在讲“孝”，自然不是倡导那种“父为子纲”的封建性愚孝，而是要不忘父母养育之恩，尊老、敬老、养老、爱老。

思考寄语

孟子说："世俗所说的不孝的情形有五种：四体懒惰不顾及父母的赡养，这是第一种不孝；好赌博爱酗酒，不顾及父母的赡养，这是第二种不孝；爱财物，偏爱妻儿，不顾及父母的赡养，这是第三种不孝；放纵耳目的欲望，因此伤害父母，这是第四种不孝；恃勇好斗因此危及父母，这是第五种不孝。"当然，要做到真正的孝是一件不容易的事情，但我们可以如吕坤所说，"事心为上"，真正发自内心地体谅父母，保持父母的心情愉悦，那我们离孝也就不远了。

21 菜根谭·应酬（节选）

诵读主体

① 人之过误宜恕，而在己则不可恕；己之困辱宜忍，而在人则不可忍。

②"为鼠常留饭，怜蛾不点灯"，古人此等念头，是吾人一点生生之机，无此，便所谓土木形骸而已。

③ 我有功于人不可念，而过则不可不念，人有恩于我不可忘，而怨则不可不忘。

知人论世

《菜根谭》是明代的一部语录体著作。著者洪应明，字自诚，号还初道人，籍贯不详。根据他的另一部作品《仙佛奇踪》，我们得知他早年热衷于仕途功名，晚年归隐山林，洗心礼佛。万历三十年（1602）前后曾居住在南京秦淮河一带，潜心著述。与袁黄、冯梦桢等人有所交往。

书名《菜根谭》，取自宋儒汪革语："人咬得菜根，则百事可成。"意思是说，一个人只要能够坚强地适应清贫的生活，不论做什么事情，都会有所成就。

明人于孔兼在为《菜根谭》写的《题词》中，进一步阐述道：“‘谭’以‘根谭’名，固自清苦历练中来，亦自栽培灌溉里得，其颠顿风波、备尝险阻可想矣。”又引用洪应明的话说：“天劳我以形，吾逸吾心以补之；天厄我以遇，吾亨吾道以通之。”于氏的解释，增加了这样一层含义，即一个人面对厄运，必须坚定自己的操守，奋发努力，辛勤培植与浇灌自己的理想。乾隆间署名三山病夫通理的《重刊菜根谭序》则说：“凡种菜者，必要厚培其根，其味乃厚。”并引用古语“性定菜根香”，说明只有心性淡泊沉静的人，才能领会其中的旨意。

《菜根谭》成书于明万历年间，距今已有近四百年的历史。在相当长的时间里，它并未受到足够的重视，清乾隆年间编纂《四库全书》，连“存目”都未收入。但是近年来，一股《菜根谭》热风行于海内外，人们将其与《孙子兵法》《三国演义》等书一起视作中国传统文化的经典之作。

阅读鉴赏

译文：

① 别人的过失和错误应该多加宽恕，而自己的过失和错误却不可以宽恕；自己受到屈辱应该尽量忍受，而别人受到屈辱就要设法替他消解。

② 为了不让老鼠饿死，就经常留一点剩饭给他们吃；为了可怜飞蛾的烧死，夜里只好不点灯火，古人这种慈悲心肠，就是我们人类繁衍不息的生机。假如人类没有这一点点相生不绝的生机，那人就变成一具没有灵魂的躯壳，如此，也不过和泥土树木相同而已。

③ 自己帮助或救助过别人的恩惠，不要常常挂在嘴上或记在心头，但是对不起别人的地方却不可不经常反省；别人曾经对我有过恩惠不可以轻易忘怀，别人做了对不起我的地方不可不忘掉。

《左传》中说：“太上有立德，其次有立功，其次有立言，虽久不废，此之谓不朽。”可见立德最为重要，其次才为立功、立言，后经历史沧桑变化，在立功和立言上孰先孰后有所争议，但从来没有人对立德为做人之道提出过疑问，因为它是整个社会稳定的核心，有德才能服人，道德沦丧则国家分崩。这正如管子所说：“礼义廉耻，国之四维。”这几句话为我们很好地阐述了一些做人的道理。

① 律己，是严格地管理自己，以使自己不去犯有损害自己利益的事情。一个人要严以律己，也唯有严以律己，他才知道怎样去抵抗那些诱惑。他把自己看作一个对手，一个矛盾的对立面，随时随地都在和自己作斗争，同自己身上那些欲望作斗争。对自己要严，对别人要宽。别人和自己一样，处于同一个生存环

境。那么，自己与别人虽然个性不同，却是处在同一个层次上的。如果把对待自己的方法用来对待别人，必然会引起激烈的某种矛盾冲突，对别人宽，正是在于消除对自己不利的隐患。

② 古人说："以慈敏为衣，以正心为乘。"一个人有慈悲心，就像他有一件永远能防止病邪的衣裳一样。事实上，人不能单凭借外物来保养自己的生命，因为外物都潜藏着危机。养生者要保养性命，必须求助于自己，要使自己有护养自身性命的能力，还在于内在的修养。而一个人有慈悲心，也正是在做内在的修养。

③ 一般人总是容易记仇而不善于怀恩，因此有"忘恩负义""恩将仇报""过河拆桥"等说法，古之君子却有"以德报怨""涌泉相报""一饭之恩终身不忘"的传统。为人不可斤斤计较，少想别人的不足、别人待我的不是；别人于我有恩有劳应铭记于心，人人都这样想，人际就和谐了，世界就太平了。我们要多看别人的长处，多记别人的好处，矛盾就化解了。

思考寄语

个人的精神修养与人生价值不仅是一种良好的品德，更是一种优质的自我投资。《菜根谭》作为一部讨论和研究修养、人生、待人、接物行事的格言集，融入了儒教、佛教、道教的思想以及实现人生价值、个人修养、处世之道等方面有精辟独到的见解，对提升人的精神修养与人生价值有着诸多启发和指导。能让我们从容地面对纷繁变化的世界，时刻拥有一份内心的平静与安宁，让我们对人生有新的体味，对心智有新的提升。

22 泷冈阡表（节选）

诵读主体

呜呼！惟我皇考崇公，卜吉于泷冈之六十年，其子修始克表于其阡。非敢缓也，盖有待也。

修不幸，生四岁而孤。太夫人守节自誓；居穷，自力于衣食，以长以教，俾至于成人。太夫人告之曰："汝父为吏廉，而好施与，喜宾客。其俸禄虽薄，常不使有余。曰：'毋以是为我累。'故其亡也，无一瓦之覆、一垄之植，以庇而为生。吾何恃而能自守邪？吾于汝父，知其一二，以有待于汝也。自吾为汝家妇，不及事吾姑；然知汝父之能养也。汝孤而幼，吾不能知汝之必有立；然知汝父之必将有后也。吾之始归也，汝父免于母丧方逾年。岁时祭祀，则必涕泣曰：'祭而丰，不如养之薄也。'间御酒食，则又涕泣曰：'昔常不足，而今有余，其何及也！'吾始一二见之，以为新免于丧适然耳。既而其后常然，至其终身未尝不然。吾虽不及事姑，而以此知汝父之能养也。汝父为吏，尝夜烛治官书，屡废而叹。吾问之，则曰：'此死狱也，我求其生不得尔。'吾曰：'生可求乎？'曰：'求其生而不得，则死者与我皆无恨也；矧求而有得邪！以其有得，则知不求而死者有恨也。夫常求其生，犹失之死，而世常求其死也。'回顾乳者剑汝而立于旁，因指而叹曰：'术者谓我岁行在戌将死，使其言然，吾不及见儿之立也，后当以我语告之。'其平居教他子弟，常用此语，吾耳熟焉，故能详也。其施于外事，吾不能知；其居于家，无所矜饰，而所为如此，是真发于中者邪。呜呼！其心厚于仁者邪，此吾知汝父之必将有后也。汝其勉之！夫养不必丰，要于孝；利虽不得博于物，要其心之厚于仁。吾不能教汝，此汝父之志也。"修泣而志之，不敢忘。

知人论世

欧阳修（1007—1072），字永叔，号醉翁，晚号六一居士，景德四年（1007）出生于绵州（今四川绵阳），北宋政治家、文学家。

欧阳修于宋仁宗天圣八年（1030）以进士及第，历仕仁宗、英宗、神宗三朝，官至翰林学士、枢密副使、参知政事。死后累赠太师、楚国公，谥号"文忠”，故世称欧阳文忠公。

欧阳修是宋代文学史上最早开创一代文风的文坛领袖，与韩愈、柳宗元、苏轼、苏洵、苏辙、王安石、曾巩合称“唐宋八大家”，并与韩愈、柳宗元、苏轼被后人合称“千古文章四大家”。他领导了北宋诗文革新运动，继承并发展了韩愈的古文理论。其散文创作的高度成就与其正确的古文理论相辅相成，从而开创了一代文风。欧阳修在变革文风的同时，也对诗风、词风进行了革新。在史学方面，也有较高成就，他曾主修《新唐书》，并独撰《新五代史》。有《欧阳文忠公文集》传世。

阅读鉴赏

《泷冈阡表》是欧阳修的代表作，和韩愈的《祭十二郎文》、袁枚的《祭妹文》一起被誉为中国古代三大祭文。

《泷冈阡表》是欧阳修在他去世前两年，为他父母的墓碑所写的碑文。其时，其父已去世60年，母亲也下葬有18年。泷冈，在今江西永县凤凰山，欧阳修的父母死后葬在这里。阡表，即墓表、墓碑。表文中，作者盛赞父亲的孝顺仁厚、为政清廉、治狱谨慎，母亲的俭约和安于贫困。言辞清新质朴，用具体的琐事、琐谈表现父母的生前美德，以小见大，以浅见深，没有空泛的溢美之词，对后来的记事小品文影响深远。

文章第一段主要交代在他父亲葬后60年才写这篇阡表的原因，即“非敢缓也，盖有待也。”“有待”二字起到了统摄全文的作用。在宋朝，子孙显贵，其已故的父祖可有赠封赐爵的荣耀，所追封的世数（自一代至三代）和赠官官阶高低，视子孙的官位而定。“有待”是指待已显贵，光宗耀祖，然后上阡表，可以告慰于先灵。

文章的第二段，承继前文，拿“有待”二字大做文章，并处处借助欧阳修母亲口中反复出现的一个知字，缅怀往事，追述亡夫。

欧阳修通过母亲之口写了三件事，反映了父亲的美好品德。

第一件：廉。欧阳修父亲为官廉洁，又喜宴宾客，所以去世后没有留下什么可以赖以生存的家财。“无一瓦之覆、一垅之植，以庇而为生。”

第二件：孝。欧阳修母亲虽未见自己丈夫对公婆的孝顺，但从丈夫“岁时祭祀，必涕泣曰：‘祭而丰，不如养之薄也’”。可见欧阳修父亲对自己的父母是不带任何做作的真孝顺。

第三件：仁。写父亲断狱的谨慎和慎之又慎。一句“夫常求其生，犹失之死；而世常求其死也”，不但传神地摹写刻画了欧阳修父亲对案件的反复推敲，能不判死刑的尽量不判，而且也是对千百年来封建社会草菅人命的深刻概括与总结，至今仍有强烈的批判精神与社会意义。

通过母亲的叙述，一个廉洁好施，孝敬父母，宅心仁厚的父亲形象栩栩如生地展现在读者面前。然而值得注意的是，在其母亲追忆父亲的过程中，欧阳修的神来之笔不经意间向读者展示其母亲的优秀品质。

首先，欧阳修父亲为官清廉，没有留下什么可以赖以生存的家财，但欧母对自己的丈夫有所了解，因而把希望寄托在欧阳修身上。所以尽管家境贫穷，她仍然守节自誓，衣食自力，将欧阳修抚养成人。其次，欧母了解其夫，敬佩其夫，并谨记其夫的遗训，在欧阳修成长过程中，谆谆教诲，这些都说明欧阳修母亲和父亲一样，有着共同的价值观念。由此一个贤妻良母的形象逐渐变得清晰而饱满。

思考寄语

“树欲静而风不止，子欲养而亲不待”，这是一种怎样的悲伤啊！欧阳修在这篇祭文中生动叙写了作者幼年丧父、家境贫寒，依靠母亲辛勤抚育成长的经历，一碑双表，追忆父亲遗训，缅怀母亲教诲。父亲廉洁奉公、谨慎吏事、慷慨待人、奉行孝道等高风亮节，溢于言表。在赞颂父亲品格的同时，母亲守节自誓、教子成才、治家俭约、仁惠刚毅等母仪盛德也相映生辉。相信父亲、母亲和作者之间的亲子关系对于今天的我们一定深有启示。

业道酬精

职场赢家

1 蜀鄙二僧

诵读主体

天下事有难易乎？为之，则难者亦易矣；不为，则易者亦难矣。人之为学有难易乎？学之，则难者亦易矣；不学，则易者亦难矣。

吾资之昏，不逮人也；吾才之庸，不逮人也；旦旦而学之，久而不怠焉，迄乎成，而亦不知其昏与庸也。吾资之聪，倍人也；吾才之敏，倍人也；屏弃而不用，其与昏与庸无以异也。圣人之道，卒于鲁也传之。然则昏庸聪敏之用，岂有常哉？

蜀之鄙有二僧，其一贫，其一富。贫者语于富者曰："吾欲之南海，何如？"富者曰："子何恃而往？"曰："吾一瓶一钵足矣。"富者曰："吾数年来欲买舟而下，犹未能也。子何恃而往？"越明年，贫者自南海还，以告富者。富者有惭色。

西蜀之去南海，不知几千里也，僧富者不能至而贫者至焉。人之立志，顾不如蜀鄙之僧哉？是故聪与敏，可恃而不可恃也；自恃其聪与敏而不学者，自败者也。昏与庸，可限而不可限也；不自限其昏与庸，而力学不倦者，自力者也。

知人论世

《蜀鄙二僧》是清代彭端淑创作的一篇文章，主要通过蜀国边境的两个和尚的故事表达深刻的道理。

彭端淑（1699—1779），字乐斋，号仪一，眉州丹棱（今四川丹棱县）人。清朝官员、文学家，与李调元、张问陶被后人并称为"清代四川三才子"。彭端淑从小聪慧颖异，十岁即能文。他与弟彭肇洙、彭遵泗于紫云山下"相为师友"，同窗苦读。有《白鹤堂文集》《雪夜诗谈》等传世。

阅读鉴赏

文章一开头便从难易问题下手，作者认为天下之事的难易是相对的，"为之，则难者亦易矣；不为，则易者亦难矣"。学习也是如此，只要脚踏实地去学，没有掌握不了的学问；反之，不通过学习，就是极容易的事也会被视作十分困难。在说明了难易的辩证关系之后，作者便引出了智愚的问题。天资不高，才能平庸的人，只要勤于学习，久而久之，也能有所成就，摆脱昏与庸的境地；而天资聪敏，才能出众的人，如果自暴自弃，不学无术，也将与昏庸者为伍。相传孔子的学说由鲁钝的曾参传给了子思，再由子思之徒传给了孟子。所以作者说："圣人之道，卒于鲁也传之。"因而作者认为昏庸与聪敏是相对的，关键是取决于个人的努力。这一段完全以论述的笔墨出之，明白地摆出了自己对学问之道的看法。

接下来，文章通过一个故事，也可以说是一则寓言，进一步说明难易与成败并没有必然的联系。四川的贫僧和富僧都想去普陀山朝圣，贫者凭着一瓶一钵和坚定的意志，实现了自己的心愿；富者虽有足够的钱可雇船前往，但由于自己的犹豫畏缩，终未能达到目的。作者由此说明了"立志"的重要性。所谓"立志"，不仅是要树立奋斗的目标，而且要有百折不挠、知难而进的精神。这一段通过具体生动的记叙，构想出人物的语言神态，形象地揭示出立志的重要性，犹如一则寓言故事，虽然平易简单，却寓有深刻的道理。

最后一段结论，还是归结到聪敏与昏庸的问题：聪敏不可恃，昏庸也不可限，关键在于能否力学不倦。作者强调了学习中的主观能动作用，摆脱了天赋决定论的成见，劝人以学，对于不同天资的人都有勉励的作用。他对聪敏"可恃而不可恃"，对昏庸"可限而不可限"的辩证认识无疑都是很有见地的。

思考寄语

蜀鄙二僧告诉我们"世上无难事，只怕有心人"的道理。人不仅要树立志向，还要付出行动。在付出行动的同时，要凭主观能力，矢志不移、不畏艰难才能实现自己的愿望。那些仗着自己聪明却不努力学习的人，反而是浪费天赋，自毁前程。不被先天条件所局限，坚持不懈地努力的人，才是真正值得我们学习的榜样。

2 卫风·淇奥

诵读主体

瞻彼淇奥，绿竹猗猗。有匪君子，如切如磋，如琢如磨。瑟兮僩兮，赫兮咺兮。有匪君子，终不可谖兮。

瞻彼淇奥，绿竹青青。有匪君子，充耳琇莹，会弁如星。瑟兮僩兮，赫兮咺兮。有匪君子，终不可谖兮。

瞻彼淇奥，绿竹如箦。有匪君子，如金如锡，如圭如璧。宽兮绰兮，猗重较兮。善戏谑兮，不为虐兮。

知人论世

《卫风·淇奥》是歌颂卫武公之德的诗篇。先秦时代，正是中华民族不断凝聚走向统一的时代，人们希望和平、富裕的生活。在那样一个时代，人们自然把希望寄托在圣君贤相、能臣良将身上。赞美他们，实际上是表达一种对生活的向往。《左传·昭公二年》曰："北宫文子赋《淇奥》。"杜预注："《淇奥》，美武公也。"《毛诗序》也说："《淇奥》，美武公之德也。有文章，又能听其规谏，以礼自防，故能入相于周，美而作是诗也。"这个武公，是卫国的武和，生于西周末年，曾经担任过周平王的卿士。史传记载，武和晚年九十多岁了，还是谨慎廉洁从政，宽容别人的批评，接受别人的劝谏，因此很受人们的尊敬，人们作了《卫风·淇奥》这首诗来赞美他。文献记载，卫武公辅佐王朝平戎有功，"王命之为公"。诗篇或作于此时。

阅读鉴赏

追求技艺的精湛与产品的精致细密是传统工匠精神的一大特点。《诗经·卫风·淇奥》中"如切如磋，如琢如磨"，描述了工匠在切割、打磨、雕刻玉器时仔细认真、反复琢磨的工作态度。儒家借鉴这一精神，将其作为治学和修身的方法，《大学》曰："如切如磋者，道学也；如琢如磨者，自修也。"朱熹进一步提炼出它的核心特质，"言治骨角者，既切之而复磋之；治玉石者，既琢之而复磨之，治之已精，而益求其精也”。由此产生了“精益求精”一词。由于它对为学、修身、做事所发挥的积极作用，使得它也因此获得道德意义，成为中华民族所追求的一种重要美德。

思考寄语

美玉那种圆润光滑、色泽柔和、温凉适中的特有质地，给人的感觉是温馨、宁静、和谐，常被古人用来比喻最崇高的品德。“有匪君子，如切如磋，如琢如磨”，正是古人爱玉之心的体现，用玉的雕琢过程——切、磋、琢、磨，来比喻成为君子要多经磨砺，才能具备如玉一般的品性。也希望我们每一个人在日常的生活中，能够不断地磨炼自己，完善自己，成为真正的君子！

3 长歌行

诵读主体

青青园中葵，朝露待日晞。
阳春布德泽，万物生光辉。
常恐秋节至，焜黄华叶衰。
百川东到海，何时复西归？
少壮不努力，老大徒伤悲！

知人论世

长歌行，汉乐府曲调名。“乐府”，是自秦代以来设立的朝廷音乐机构，汉武帝时得到大规模扩建，负责采集民间歌谣或文人的诗来配乐，以备朝廷祭祀或宴会时演奏之用。其搜集整理的诗歌，内容丰富，题材广泛，后世称为“乐府诗”或简称“乐府”。本诗即选自宋代郭茂倩编著的《乐府诗集》，是汉代乐府古诗中的一首名作。

阅读鉴赏

译文：

园中的葵菜碧绿郁葱，晶莹的朝露等待阳光照耀。春天给大地普施阳光雨露，万物生机盎然欣欣向荣。常担心那萧瑟肃杀的秋季来到，树叶枯黄百草也凋零。千万条大河奔腾着向东流入大海，何时才能回头西归呢？年轻力壮的时候不奋发图强，到老来只能悔恨一生。

这是一首咏叹人生的诗歌。全篇以景寄情，由情入理，将“少壮不努力，老大徒伤悲”的人生哲理，寄寓于朝露易晞、秋来叶落、百川东去等鲜明形象中，使所表达的人生哲理既发人深省，又明白易懂。

本诗的前六句，揭示出春荣秋枯这个自然规律。这六句诗，主要写自然界植物花草的荣枯变化，以托物起兴、借物喻理的方法，从“园中葵”说起，写到整个自然界，由于有春天的阳光、雨露，万物都在闪耀着生命的光辉，到处是生机勃勃、欣欣向荣的景象。其字面上是对春天的礼赞，实际上是以物比人，是对人生最宝贵的东西——青春的讴歌，为过渡到珍惜光阴年华做铺垫。

七、八句笔锋一转，用生动巧妙的比喻，来揭示时光就像流水一样不会倒转，人老了就不会再年轻这一客观规律，从而突出人应珍惜宝贵时光这一中心意思。比喻贴切，蕴含着深刻的哲理，使诗句具有很强的逻辑力量。

最后两句则进一步点题：一个人要有所作为，应该从青少年阶段就努力奋斗，否则便会虚度岁月，一事无成而空自悲叹！句末中的“徒”字意味深长，意在强调老年时才醒悟将于事无补，徒叹奈何！这两句诗是诗人从实践中总结出来的人生格言，对于今天的广大青少年，仍具有积极的教育意义。

思考寄语

现代著名作家朱自清先生在散文《匆匆》中感慨道：“燕子去了，有再来的时候；杨柳枯了，有再青的时候；桃花谢了，有再开的时候。但是，聪明的你告诉我，我们的日子为什么一去不复返呢？”青春是美好的，也是短暂的；花季是缤纷绚烂的，也是悄然易逝的。唯有以梦为马、只争朝夕，方能不负韶华，收获精彩。同学们，莫等闲、白了少年头，空悲切！

4 明日歌

诵读主体

明日复明日，明日何其多？
我生待明日，万事成蹉跎。
世人苦被明日累，春去秋来老将至。
朝看水东流，暮看日西坠。
百年明日能几何？请君听我明日歌。

知人论世

钱福（1461—1504），明代状元，字与谦，自号鹤滩，南直隶松江府华亭（今上海松江）人。明弘治三年（1490）进士第一，官至翰林院修撰。诗文以敏捷见长，著有《鹤滩集》。

阅读鉴赏

总是明天又明天，明天是何等的多啊！如果天天空等明天，那么只会空度时光，一事无成。世上的人都受“待明日”的害处，一年年过去人即将老去。早晨看河水向东流逝，傍晚看太阳向西瞬息坠落。人的一生又能有多少个明天呢？请您听听我的《明日歌》！

本诗表达的内容浅显易懂，语言明白如话，说理通俗，语言流畅，数百年来广为世人传诵，经久不衰。值得一提的是，本诗并非空泛的关于珍惜时光的教诲，而是针对从古至今人们普遍容易形成的拖延弊病，反复围绕“明日”二字展开说理，告诫和劝勉人们要抓住稍纵即逝的今天，今日的事情今日做，不要拖到明天，不要蹉跎岁月、虚度光阴。同时，在语言上使用口语化、形象化的词语，读起来朗朗上口，听起来顺耳好记。其中“朝看水东流，暮看日西坠”两句不禁让人联想起“子在川上曰：‘逝者如斯夫，不舍昼夜’”的千古惜时名句，刻画出朝暮之间岁月流逝、日月变迁的惟妙惟肖景象，可谓“诗中有画、景中寓情”，穿插在全篇议论当中，使全诗更加活泼生动。读后，使人印象深刻，过目不忘，很有教育针对性、启发性、说服力。

思考寄语

著名教育家叶圣陶先生曾说过：今日事今日毕，勿将今事待明日！说到底，“今日事今日毕”就是对时间的节约爱惜，是对生命的尊重。对于每一个人而言，学习、工作、生活如果缺乏计划性和执行力，明日复明日，养成拖沓、拖拉、拖延的坏习惯，那么终将一事无成、追悔莫及。寒号鸟的寓言故事人尽皆知，空喊口号、能拖且拖的寒号鸟最终没能熬过寒冷的冬天。同学们，你想做那只寒号鸟吗？

5 滥竽充数

诵读主体

齐宣王使人吹竽，必三百人。南郭处士请为王吹竽，宣王说之，廪食以数百人。宣王死，湣王立，好一一听之，处士逃。

知人论世

韩非（约前280—前233），战国末期著名思想家，法家代表人物。尊称韩非子或韩子。韩王（战国末期韩国君主）之子，荀子的学生。他被誉为得老子思想精髓最多的二人之一（另一人为庄周）。著有《韩非子》一书，共55篇，10万余字，在先秦诸子散文中独树一帜。韩非极为重视唯物主义与功利主义思想，积极倡导君主专制主义理论，目的是为专制君主提供富国强兵的霸道思想。有《孤愤》《五蠹》《内储说》《外储说》《说林》《说难》等著作，全面、系统地阐述了他的法治思想。

韩非的朴素辩证法思想也比较突出。他首先提出了矛盾学说，用矛和盾的寓言故事，说明“不可陷之盾与无不陷之矛不可同世而立”的道理。

值得一提的是，《韩非子》一书中记载了大量脍炙人口的寓言故事，最著名的有“自相矛盾”“守株待兔”“讳疾忌医”“滥竽充数”“老马识途”等。这些生动的寓言故事，蕴含着深隽的哲理，凭着它们思想性和艺术性的完美结合，给人们以智慧的启迪，具有较高的文学价值。

阅读鉴赏

译文：

齐宣王让人吹竽，一定要三百人的合奏。南郭先生请求给齐宣王吹竽，宣王对此感到很高兴，拿数百人的粮食供养他。齐宣王去世后，齐湣王继承王位，他喜欢听一个一个的演奏，南郭先生听后便逃走了。

这个寓言一直广为流传，讽刺没有真才实学的人混在行家里面充数，或是用不好的东西混在好东西里充数。南郭先生也成了滥竽充数者的代名词。像南郭先生这样靠蒙骗过日子的人，骗得了一时，骗不了一世。假的终究是假的，弄虚作假是禁不住时间的考验，逃不过实践的检验的，在真的面前，假的永远都是那么不堪一击，终有真相大白的一天。没有真才实学、技艺不精，在社会上难以立足，终将被社会淘汰。

思考寄语

想要得到别人的尊重，想要获得事业的成功，要不得一点投机取巧，任何技术技能也来不得一点虚假马虎，只有脚踏实地，习得真知识，练就真本领，才能走得更稳更远。

6 传习录（节选）

诵读主体

未有知而不行者。知而不行，只是未知。……又如知痛，必已自痛了，方知痛；知寒，必已自寒了；知饥，必已自饥了。知行如何分得开？

今人却将知行分作两件去做，以为必先知了，然后能行，我如今且去讲习讨论做知的功夫，待知得真了，方去做行的功夫，故遂终身不行，亦遂终身不知。此不是小病痛，其来已非一日矣。某今说个知行合一，正是对病的药，又不是某凿空杜撰，知行本体，原是如此。

立志用功，如种树然。方其根芽，犹未有干；及其有干，尚未有枝。枝而后叶，叶而后花、实。初种根时，只管栽培灌溉，勿作枝想，勿作叶想，勿作花想，勿作实想。悬想何益？但不忘栽培之功，怕没有枝叶花实？

知人论世

王守仁（1472—1529），本名王云，字伯安，别号阳明，浙江余姚人。明朝杰出的思想家、文学家、军事家、教育家，因曾筑室于会稽山阳明洞，自号阳明子，学者称之为阳明先生，亦称王阳明。

弘治十二年（1499），中进士，起家刑部主事，历任贵州龙场驿丞、庐陵知县、右佥都御史、南赣巡抚、两广总督、南京兵部尚书、左都御史等职，接连平定南赣、两广盗乱及朱宸濠之乱，获封新建伯，成为明代凭借军功封爵的三位文臣之一。嘉靖七年十一月去世，时年57岁。明穆宗即位，追赠新建侯，谥号“文成”。万历十二年（1584），从祀于孔庙。

王守仁的学说思想王学（阳明学），是明代影响最大的哲学思想。其学术思想传至中国、日本、朝鲜半岛以及东南亚，立德、立言于一身，成就冠绝。弟子极众，世称姚江学派。其文章博大昌达，行墨间有俊爽之气。有《王文成公全书》。

阅读鉴赏

译文：

不存在知道而做不好的人。知道但却做不好的人，只是他们还未真正知道这件事情。再比如知道痛，一定是经历痛了，才知道痛。知道寒冷，一定是经历了寒冷，才知道寒冷。知道饥饿，一定是经历了饥饿，才懂得饥饿的滋味。知和行怎么可以分开呢？

现今的人非要把知行分为两件事去做，认为是先知然后行。因此，我就先去讲习讨论，做知的功夫，等知的真切，再去做行的功夫。所以，终生不得行者，必定终生不得知。这不是简单的事情，此种错误认识为时很久了。现在我说的知行事一，正是要对症下药，并非我凭空捏造。知行本体原本如此。

立志用功，就像种树一样，刚开始只有根和芽，还没有树干，等它长出树干时，还没有长出树枝，（以此类推）树先长枝，后长叶；先长叶，然后才有花和果实。起初种下树根时，只管栽培浇灌。不可去想它的枝干、叶子、花和果实什么时候才长出来。空想有什么益处呢？只要不忘记栽培时所用的功，那还怕树长不出枝干、叶子、花和果实吗？

立志用功犹如种树，只要坚持循序渐进，用心做好栽培之功，必会枝繁叶茂、果实甘美。清人唐鉴曾言："只问耕耘，不问收获。"与王阳明的观点有异曲同工之妙。历史上，许多名人都将这一理念作为指导他们进德、修业、处世、齐家的准则和座右铭。梁启超常嘱咐子女："将来成就如何，现在想他则甚？着急他则甚？一面不可骄盈自慢，一面又不可怯弱自馁，尽自己能力做去，做到哪里是哪里。"梁漱溟在家书中写道："至于成就在事抑在学，似不可管，即有无成就，亦可不管。"一旦目标确定，就要专注当下，付诸行动。与其空耗脑力去想结果如何，不如踏踏实实地做好眼前该做之事。

思考寄语

不忘栽培之功，不仅是我们理事处世时应该持有的心态，也是为人修身养性应达到的功夫与境界。丰硕的果实来自辛勤耕耘和埋头苦干，过分地追求结果，不仅会心浮气躁，甚至会衍生出急功近利、好高骛远，最后有可能一事无成。心态偏了，结果哪能如意？潜下心来对目标执着，能禁得起时间的熬制，耐得住寂寞，坐得住冷板凳。恒久耐心地坚持，专注努力地奋斗，定会带来丰硕回报。

7 礼记·月令（节选）

诵读主体

孟春之月，东风解冻，蛰虫始振，鱼上冰，獭祭鱼，鸿雁来，草木萌动。
仲春之月，桃始华，仓庚鸣，鹰化为鸠。
季春之月，桐始华，田鼠化为鴽，虹始见，萍始生。

孟夏之月，蝼蝈鸣，蚯蚓出，王瓜生，苦菜秀。
仲夏之月，小暑至，螳螂生，䴗始鸣，反舌无声。
季夏之月，温风始至，蟋蟀居壁，鹰乃学习，腐草为萤。

孟秋之月，凉风至，白露降，寒蝉鸣，鹰乃祭鸟。
仲秋之月，盲风至，鸿雁来，玄鸟归，群鸟养羞。
季秋之月，鸿雁来宾，雀入大水为蛤，鞠有黄华，豺乃祭兽戮禽。

孟冬之月，水始冰，地始冻，雉入大水为蜃，虹藏不见。
仲冬之月，冰益壮，地始坼，鹖旦不鸣，虎始交。荔挺出。
季冬之月，雁北乡，鹊始巢，雉雊，鸡乳。征鸟厉疾，水泽腹坚。

知人论世

在《礼记·月令》一篇里，世界是一个井然有序的多层次结构。太阳居高临下，它对世间万物具有决定性的意义。从孟春的“日在营室”到季冬的“日在婺女”（营室、婺女均为星宿名），太阳运行而成四时。每时分三月，每月两个节气，每个节气各有三候。而与四时相对应，每时都有一班帝神，每个月各有相应的祭祀的礼制。

再下一个层次是各种人事活动，从天子到万民，政令、民事、农事、刑狱，等等。人事要受到太阳、四时、五行等各种力量的制约。所以，人要遵循自然，抗拒或者违背就要受到惩罚。从这种角度来说，《月令》篇就是古人的自然法则。

阅读鉴赏

《礼记·月令》作为古代“月令”体裁的经典文献，记录了四季的自然及社会现象，并将自然与人类建构成一个有机系统。它详细记录了自然界在一年中的变化发展情况。节选部分的大意是：

孟春正月，东风化解了寒冷，冬眠的动物开始活动，鱼上游到冰面下，水獭驱鱼举行鱼祭，鸿雁从南方飞回来，草木开始发芽。

仲春二月，桃李始着花，黄鹂啭声，鹰鸟变为布谷鸟。

季春三月，桐花开始开花，田野里的土老鼠变成鹌鹑。这时阴晴不定，可看见彩虹。池塘里开始生了浮萍。

孟夏四月，蝼蝈鸣叫，蚯蚓出土，王瓜结果，苦菜开花。

仲夏五月，节气交到小暑，螳螂生长，百舌鸟开始鸣叫，但蛤蟆却不作声了。

季夏六月，这个时候，暖风开始吹了，蟋蟀还只是躲在墙罅里，雏鹰开始学习飞，腐草堆里生出萤火虫。

孟秋七月，凉风吹来，白露初降，寒蝉哀鸣，鹰隼祭鸟，开始在长空搏击杀鸟。

仲秋八月，飓风迅至，鸿雁自北回南，燕子也都南归，群鸟开始储存食物。

季秋九月，鸿雁来到南方，麻雀入海变为蛤。这月，菊开黄花，豺祭兽而杀兽。

孟冬十月，河水开始结冰，大地开始冻结，野鸡入淮而化为大蛤，虹则藏而不见。

仲冬十一月，水面结成硬冰，地面也冻裂，寒号鸟也不再鸣叫了，老虎开始求偶，兰草感到阳气的萌动而抽出新芽。

季冬十二月，鸿雁飞向北国，喜鹊开始做巢，野鸡鸣叫，家鸡抱蛋。鹰隼凌空盘旋捕食更猛烈，河塘中央结起坚硬的冰层。

在认知自然、总结规律以指导生存过程中，先民创造了独特的月令文化。《礼记·月令》追求天人合一，阐明天地自然之道，认为自然的法则不可僭越，并要求政治生活及社会实践与其保持高度一致，蕴含着尊重自然、顺应自然、保护自然的生态观，体现了古代劳动人民朴素的生态智慧。同时，《礼记·月令》也为今人建设生态文明提供了重要启示和借鉴。

思考寄语

天地祖先、天子百官、黎民百姓、山林鸟兽共同构成了息息相关的生命共同体。人作为核心，要发挥维护一体的作用，践行天地的厚德，随顺天时。本质就是要生养万物，这是仁心仁政的最好落实。在现代社会，应依循天道自然规律，科学合理地安排生产生活，保持人与自然万物和谐一体的关系。

8 庖丁解牛

诵读主体

庖丁为文惠君解牛。手之所触，肩之所倚，足之所履，膝之所踦，砉然向然，奏刀𬴃然，莫不中音。合于《桑林》之舞，乃中《经首》之会。

文惠君曰："嘻，善哉！技盖至此乎？"

庖丁释刀对曰："臣之所好者道也，进乎技矣。始臣之解牛之时，所见无非牛者。三年之后，未尝见全牛也。方今之时，臣以神遇而不以目视，官知止而神欲行。依乎天理，批大郤，导大窾，因其固然，技经肯綮之未尝，而况大軱乎！良庖岁更刀，割也；族庖月更刀，折也。今臣之刀十九年矣，所解数千牛矣，而刀刃若新发于硎。彼节者有间，而刀刃者无厚；以无厚入有间，恢恢乎其于游刃必有余地矣，是以十九年而刀刃若新发于硎。虽然，每至于族，吾见其难为，怵然为戒，视为止，行为迟。动刀甚微，謋然已解，如土委地。提刀而立，为之四顾，为之踌躇满志，善刀而藏之。"

文惠君曰："善哉！吾闻庖丁之言，得养生焉。"

知人论世

庄子（约前369—前286），庄氏，名周，字子休，宋国蒙（今河南商丘）人。战国时期伟大的思想家、哲学家、文学家。庄子原系楚国公族，楚庄王后裔，后因乱迁至宋国，是道家学说的主要创始人之一。与道家始祖老子并称为“老庄”，主张“天人合一”和“清静无为”。代表作《庄子》（也称《南华真经》），现存23篇，该书主要反映了庄子的批判哲学、艺术、美学等，内容丰富，博大精深。庄子的文章，想象奇幻，构思巧妙，文笔汪洋恣肆，具有浪漫主义的艺术风格，能把一些微妙难言的哲理说得引人入胜，是先秦诸子文章的典范之作。庄子散文被称为“文学的哲学，哲学的文学”。

庄子生活的战国中期正值激烈动荡的社会转型期，面对“高岸为谷，深谷为陵”的动荡社会，人们不能任其本性无拘无束地生活，不得不想方设法地谨慎藏锋，全身远害，在复杂斗争的骨节缝中寻找一个空隙，以便在这乱世中游刃有余地生活下去。这篇寓言体现的就是这种心境。

阅读鉴赏

本文以事喻理，借“庖丁解牛”的寓言故事来阐述养生之道，生动地揭示了做人做事都要顺应自然规律的道理。全文共四段。第一段以精微传神的笔法描写庖丁解牛的场面，手、肩、足、膝并用，触、倚、踩、抵配合，动作娴熟、优美，有如艺术表演，给人以美的享受。第二段的文惠君之叹，既从侧面烘托庖丁技艺之神妙，也自然地引出了下文的议论。第三段是庖丁对解牛之道的集中阐述，也是全文最精彩的部分。他先以“臣之所好者道也，进乎技矣”作了总括，接着讲述了自己从“所见无非牛者”到“目无全牛”再到“以神遇而不以目视”的三个阶段。随后，庖丁通过用刀的对比来谈“道”的境界的外在表现。最后，庖丁讲述达于“道”的境界之后的谨慎态度。第四段写文惠君从中领悟了养生的道理。

庄子写这个故事意在阐述养生之道。人们身处险恶的现实环境中，面对错综复杂的矛盾，必须把握其规律借以找到自我保护的方法。只有像庖丁那样把握了内在规律，小心谨慎，才能成功避开各种难解的矛盾，使自己免于遭受伤害与困扰，从而达到养生的目的。养生之“道”的要义即为依理，谨行，藏锋。其根本方法乃是顺应自然。庖丁解牛，是庄子对养生之道的形象喻示。

这则故事的原意在于阐明“养生之道”，但它蕴含的哲理已远远超出了庄子当初的命意，我们能从中获得许多新的启示。例如，要通过反复实践探索事物的内在规律，做事要遵循客观规律，工作中应始终保持认真谨慎的态度，等等，这正是这篇妙文的迷人之处。庄子是哲人，也是诗人，描述庖丁解牛的场面，细致，传神，充满艺术的美感，通过生动的动作、语言和神态描写，刻画了一位技艺精湛、善于思考、工作谨慎的厨师形象。人物神态悠然，动作优美，身心潇洒，体现了庄子散文的“文学美”与“哲学美”。

思考寄语

《庄子》中出现了许多技艺特殊的匠人，庖丁是其中最著名的人物形象之一。庖丁有着高远的职业追求，不仅仅满足于掌握“技”，而是追求“道”的境界。他通过反复实践，锲而不舍地探究“道”，不断自我精进，因此他才能超越“族庖”和“良庖”，在掌握了自然规律的基础上做到游刃有余，达到神妙的“道”的境界。他的身上体现了一种可贵的工匠精神，正是我们学习的榜样。

9 驴子的故事

诵读主体

一头驴子不小心掉到一口枯井里，它哀哀地叫着，期待主人把它救出去。驴子的主人召集了数位亲邻出谋划策，大家确实想不出好的办法搭救驴子，反而认定，驴子已经老了，死不足惜，况且这口枯井迟早也是要填上的。于是，人们拿起铲子，开始填井。当第一铲泥土落到枯井中时，驴子叫得更恐怖了——它显然明白了主人的意图。又一铲泥土落到枯井中，驴子出乎意料地安静了。人们发现，此后每一铲泥土打在它身上的时候，驴子都在做一件惊人的事情：它努力抖落背上的泥土，踩在脚下，把自己垫高一点。人们不断地把土往枯井里铲，驴子也就不停地抖落那些打在背上的泥土，使自己再升高一些。就这样，驴子在人们惊奇的目光中，潇潇洒洒地走出枯井。

知人论世

寓言是用比喻性的故事来寄托意味深长的道理，给人以启示的文学体裁，字数不多，但言简意赅。

阅读鉴赏

这则寓言故事中的驴子掉进了枯井里，当它发现人们要用泥土把它填埋时，它一开始是惊慌失措的，后来它发现害怕没用，就镇定下来想出办法。它把每一铲泥土都踩在脚下，越垫越高，最终成功地走出枯井。

正如雨果所说的："上天给人一份困难时，同时也给人一份智慧。"我们在生活中所遭遇的种种困难挫折就是加诸我们身上的"泥沙"。然而，换个角度来看，它们也是一块块的垫脚石。只要我们锲而不舍地将它们抖落掉，然后站上去，那么即使是掉落到最深的井，我们也能安然地脱困。

面对困难我们首先需要的是不放弃、不投降、迎难而上的勇气和敢于迎接挑战的精神；其次，我们还需要有解决困难的智慧，积极寻找走出逆境的方法。只有这样，我们才能像那头驴子那样，在困境中化不利条件为有利条件，收获人生的成功！而每一次成功地克服困难，都会让你变得更强大！从困难中战胜出来的人，才是真正的赢家！

思考寄语

妥协或退让只会让生活击垮你，身处逆境的时候你应该学学那头驴子。

10 六尺巷

诵读主体

“六尺巷”又名“三尺巷”，位于安徽省桐城市的西南一隅，全长100米、宽2米，建成于清朝康熙年间。巷道两端立石牌坊，牌坊上刻着“礼让”二字。“六尺巷”的典故之所以成为一段历史佳话，缘于张家与邻里之间的土地纠纷。

清康熙年间，张英担任文华殿大学士兼礼部尚书。他老家桐城的官邸与吴家为邻，两家院落之间有条巷子，供双方出入使用。后来吴家要建新房，想占这条路，张家人不同意。双方争执不下，将官司打到当地县衙。县官考虑到两家人都是名门望族，不敢轻易了断。

这时，张家人一气之下写封加急信给张英，要求他出面解决。张英看了信后，认为应该谦让邻里，他在给家里的回信中写了四句话：“千里捎书只为墙，让他三尺又何妨？万里长城今犹在，不见当年秦始皇。”家人阅罢，明白其中含义，主动让出三尺空地。吴家见状，深受感动，也主动让出三尺房基地，“六尺巷”由此得名。

知人论世

本文改编自《桐城县志》。

张英（1637—1708），字墩复，号乐圃，安徽桐城人。清朝大臣，名相张廷玉之父。康熙六年（1667），考中进士，选为庶吉士，官至文华殿大学士、礼部尚书。先后充任纂修《国史》《一统志》《渊鉴类函》《政治典训》《平定朔漠方略》总裁官。张英的长子张廷瓒，是康熙时的进士。张英的第三个儿子张廷玉，康熙时进士，官至保和殿大学士、军机大臣。雍正设军机处，其规章制度均由他拟定。乾隆时又深得信任，加太保。为官于康雍乾三代，共50年。这在中国封建社会的官场上也是少见的。《明史》的编成，就是张廷玉总裁时的成果。张英的五子也是雍正时的进士，官工部侍郎、礼部侍郎、内阁学士。相传桐城当地几百年来就有“父子宰相府”“五里三进士”“隔河两状元”的说法。

阅读鉴赏

六尺巷的故事中，张英的回诗，正应了古话："宰相肚里能撑船。"尚书一家的谦让，感动得邻居一家人也以谦让相待。两家人的矛盾也很快平息，留给人间一段佳话。

张英的豁达大度和对族人的教育，给后人留下了宝贵的精神财富。这个故事里的吴家人也是值得称颂的，当对方作出让步时，同样以让步来回应，作出了令人感动的举动。由此可见，人与人相处要多一分谦让，多一分宽容！在矛盾面前，只要心胸宽阔，便有化干戈为玉帛的可能。"六尺巷"的典故，在如今已远远超出其本意，成为彰显中华民族和睦谦让美德的经典。

思考寄语

"六尺巷"的故事在文脉昌盛的桐城广为流传，成为邻里和睦相处的佳话典范，更从侧面彰显了张英宽广的胸怀和气度，这种家风一直影响着张家后代，故而桐城张家人才辈出，至张英其子张廷玉登峰造极，三朝为相。从这个故事我们也能看出，争执不下，两败俱伤，各退一步，海阔天空。夫唯不争，故天下莫能与之争。明《菜根谭》有言：径路窄处，留一步与人行；滋味浓时，减三分让人尝。此是涉世一极安乐法。为人处世，礼让在前，包容为先，会让我们前行的道路收获意想不到的惊喜。

11 抽思（节选）

诵读主体

望三五以为像兮，指彭咸以为仪。
夫何极而不至兮，故远闻而难亏。
善不由外来兮，名不可以虚作。
孰无施而有报兮，孰不实而有获？

知人论世

屈原（约前340—前278），芈姓，屈氏，名平，字原，又自云名正则，字灵均，出生于楚国丹阳秭归（今湖北宜昌），战国时期楚国诗人、政治家。楚武王熊通之子屈瑕的后代。少年时受过良好的教育，博闻强识，志向远大。早年受楚怀王信任，任左徒、三闾大夫，兼管内政外交大事。提倡“美政”，主张对内举贤任能，修明法度，对外力主联齐抗秦。因遭贵族排挤诽谤，被先后流放至汉北和沅湘流域。楚国郢都被秦军攻破后，自沉于汨罗江，以身殉楚国。

屈原是中国历史上一位伟大的爱国诗人，中国浪漫主义文学的奠基人，“楚辞”的创立者和代表作家，开辟了“香草美人”的传统，被誉为“楚辞之祖”，楚国有名的辞赋家宋玉、唐勒、景差都受到屈原的影响。屈原作品的出现，标志着中国诗歌进入了一个由大雅歌唱到浪漫独创的新时代，其主要作品有《离骚》《九歌》《九章》《天问》等。以屈原作品为主体的《楚辞》是中国浪漫主义文学的源头之一，以最著名的篇章《离骚》为代表的《楚辞》与《诗经》中的《国风》并称为“风骚”，对后世诗歌产生了深远影响，成为中国文学史上的璀璨明珠，“逸响伟辞，卓绝一世”。“路曼曼其修远兮，吾将上下而求索”，屈原的“求索”精神，成为后世仁人志士所信奉和追求的一种高尚精神。

阅读鉴赏

《楚辞》是中国文学史上第一部浪漫主义诗歌总集，相传是屈原创作的一种新诗体。后世通行的《楚辞》版本包括《离骚》《九歌》《天问》《九章》《远游》《卜居》《渔父》《九辩》《招魂》《大招》《惜誓》《招隐士》《七谏》《哀时命》《九怀》《九叹》《九思》，共17篇。

依王逸《楚辞章句》的次序，《抽思》为《九章》的第四篇。诗中作者回忆自己向楚王建议革新政治，遭受谗害而被放逐的情况。"抽思"的"抽"是理出头绪加以陈述之意。清王夫之《楚辞通释》解释说："抽，绎也。思，情也。"王萌《楚辞评注》说："抽思者，心绪万端，抽而出之，以陈于君也。""抽思"即把自己的忧思、思绪抒写出来。诗人丰富复杂的情感是随着诗章的逐步展开而渐次委婉吐露的。选文部分的意思是：愿以三王五伯作为你的榜样，愿以彭咸作为我自己的典型。我们一切都要做到尽善尽美，普天下都要传遍我们的名声。善行要靠自己努力，不从外来，名声要与实际相符，不要虚假。哪有不给予的而能得到酬报？哪有不种瓜的而能够得到瓜？

屈原在诗中表达了对彭咸大夫的仰慕之情。彭咸，相传为彭祖第三十四代裔孙，胸怀大志、刚正不阿、不从流俗，在殷商末之际为殷商朝臣贤大夫。他是殷朝耿介之士，直谏商王不听，不得其志，以投江自尽表示抗议，被后世列为人臣的楷模。仅《离骚》《思美人》《悲回风》《抽思》四篇作品中便有七次提到"彭咸"，屈原以彭咸为榜样，在政治斗争中坚持理想、宁死不屈、追求真理。屈原那深厚执着的爱国热情和对现实大胆批判的精神，成为后世所信奉和传承的一种民族精神。

思考寄语

志是心之所向，是思想力与行动力的统一。人若有志，万事可为。立志是打开事业大门的第一步，俗话说"心有多大，舞台就有多大"，充分说明志向是事业成功的前提和关键。志向远大，往往能在思想上提供足够的动力，激发奋斗欲望。无数历史和现实都证明，远大目标的激励能使人从一个辉煌走向另一个辉煌，从一个成功走向另一个成功，达到人生的光辉顶点。

12 居安思危

诵读主体

林中一只野猪不停地在松树上蹭，蹭出的松脂沾到它身上，然后它在地上打几个滚，让泥土牢牢地裹住身体。这样它的身体就像披上了一层铠甲。接着，这只野猪又在一块山石上不住地磨它的两颗獠牙。

松鼠在树上看到这只猪忙得不亦乐乎，忍不住对它说："猪大哥，天气这么好，大伙儿都在晒太阳，您也歇歇吧。"野猪顾不上答话，继续磨它的牙，把牙磨得又尖又利。松鼠好奇地问："林子里没危险呀！既没有猎人和猎狗，也没有老虎和狮子。你为什么还要拼命磨牙呢？""问得好！"野猪停下来回答说，"我磨牙并不是为了现在，而是防备将来。万一哪天，我碰上了猎人或是狮子、老虎，那时再想磨牙也迟了。我平时就把牙磨好，一旦遇上危险，我也就可以保护自己了。"

知人论世

居安思危的思想在中国历史上产生较早。《周易·系辞下》载："子曰：危者，安其位者也；亡者，保其存者也；乱者，有其治者也。"意为统治者若满足现状，沉醉太平，国家就有"危""亡""乱"的危险。所以要强调"安而不忘危，存而不忘亡，治而不忘乱"，如此"身安而国家可保也"。后世兵家对此做了进一步阐发。《司马法》提出"天下虽安，忘战必危"，《战国策》认为"于安思危，危则虑安"，《虎钤经》强调"善用兵者，防乱于未乱，备急于未急"，等等。汉以后，人们把居安思危同安抚民众与保卫国家相联系，认为只有使民众安可乐业、危可卫国，充实"甲兵武备"，才能保证国家的长治久安。作为中国古代的重要军事观点，居安思危对历代国防及军队建设产生过积极影响，至今仍有重要思想价值。

阅读鉴赏

居安思危这个成语，最早出自春秋左丘明《左传·襄公十一年》："《书》曰：

‘居安思危’，思则有备，有备无患。”居安思危指处在安定的环境中，也要想到可能产生的危难和祸害。

孔子有云：“居天下而无忧者，则思不远；处身而常逸者，则志不广。”意为居于下位而无所忧虑的人，是思虑不远；安身处世总想安逸的人，是志向不大。又云：“人无远虑，必有近忧”；孟子说，生于忧患，死于安乐。居安思危实则是一种超前的危机意识和忧患意识，人的一生不会一帆风顺，因而我们任何时候，都应当做到未雨绸缪，做好遇到问题的应变措施，这样在真正遇到非常之事时才不至于手忙脚乱，做到有备无患，防患于未然。

习近平总书记在庆祝中国共产党成立100周年大会上指出，以史为鉴，开创未来，必须进行具有许多新的历史特点的伟大斗争；新的征程上，我们必须增强忧患意识、始终居安思危。习近平总书记强调，要时刻保持如履薄冰的谨慎、见叶知秋的敏锐。

可见居安思危是一种永不过时的思想，是我们中华民族宝贵的精神财富，贪图安逸，不懂防患于未然，那么又何谈远大志向、光明未来？

思考寄语

同学们未来的职业生涯是否已有规划？不能口渴了，才想起挖井找水喝，那样可能就晚了，我们都需要有居安思危的思想，事事都要做好准备，时时都要防微杜渐，扎实的专业知识、过硬的专业技能才能照亮职业之路，点亮出彩人生。

13 不龟手之药

诵读主体

惠子谓庄子曰："魏王贻我大瓠之种，我树之成而实五石。以盛水浆，其坚不能自举也；剖之以为瓢，则瓠落无所容。非不呺然大也，吾为其无用而掊之。"庄子曰："夫子固拙于用大矣！宋人有善为不龟手之药者，世世以洴澼纩为事。客闻之，请买其方百金。聚族而谋曰：'我世世为洴澼纩，不过数金。今一朝而鬻技百金，请与之。'客得之，以说吴王。越有难，吴王使之将。冬，与越人水战，大败越人，裂地而封之。能不龟手一也，或以封，或不免于洴澼纩，则所用之异也。今子有五石之瓠，何不虑以为大樽而浮乎江湖，而忧其瓠落无所容？则夫子犹有蓬之心也夫。"

知人论世

出自《庄子·内篇·逍遥游》。庄子（前369—前286），汉族人，姓庄名周，字子休，战国时期文哲大家，宋国蒙（战国蒙地多有争议，一说河南商丘市民权县，另说安徽蒙城县）人，道家学说的主要创始人之一。庄子祖上系出楚国公族，后因吴起变法，楚国发生内乱，先人避夷宗之罪迁至宋国蒙地。庄子生平只做过地方漆园吏，因崇尚自由而不应同宗楚威王之聘。庄子与道家始祖老子并称"老庄"，他们的哲学思想体系，被思想学术界尊为"老庄哲学"。代表作品为《庄子》，名篇有《逍遥游》《齐物论》等，庄子主张"天人合一"和"清静无为"。

阅读鉴赏

译文：

惠子对庄子说："魏王送给我葫芦的种子，我把它种到成熟，结成的葫芦很大，有五石的容积。用来盛水和饮料，它的坚硬程度却禁不起举。剖开来作瓢，却因太大而没有适于它容纳的东西。不是它不够大，而是因为它没有用处，所以我把它打破了。"庄子说："你实在是不善于利用大的东西。宋国有一个善于制作防止皮肤冻裂的药的人，祖祖辈辈以在水中漂洗棉絮为业。有人听说了，就请求用百金买他的药方。全家族的人集中在一起商议道：‘我们世世代代漂洗棉絮，收入不过几金。现在卖药方一下子可以得到百金，就卖给他吧。’那人得了药方，便用它去说服吴王。越国来侵犯吴国，吴王让他统率军队。冬天和越军进行水战，把越军打得大败。吴王便将一块土地封赏给他。能不使手裂开的药是一样的，有的人靠它得到封赏，而有的人却免不了漂洗棉絮的辛劳，就是因为用途不同。现在你有五石容量的葫芦，为什么不考虑把它作为腰舟而浮游于江湖之上，反而担忧它大得无处可容，可见你的心如蓬草一样屈曲不通啊！”

这篇文章出自《庄子》，通过惠子与庄子的对话反映了庄子深邃的人生智慧。世界上的事物，本来就没有大小和好坏之分，一个人智量大，见地高，境界高，就能把一个不相干的小事情发挥到最大效力。这篇寓言说明：同样的东西用在不同的地方，其效果大不一样。对待事物，要主动探究事理，用善于发现的眼睛探索事物最大的价值。

思考寄语

这篇惠子和庄子的对话，虽然简短，但是却蕴含了为人处世，治国平天下的大道理。一个小小的治龟手的药方在漂洗棉絮的人手里仅仅也就是让一家人免受龟手之苦，而他人买去作为士兵的战备药品就成为军队胜利的中药保障，而其人也获得加官进爵。《汉武帝求茂才异等诏》说：泛驾之马，跅弛之士，亦在御之而已。李白也说：天生我材必有用。是的，我们每个人、每一个物品都有其存在的价值，只有善于发现，正确使用激励，才能“物尽其用，人尽其才”，发挥最大的能量。同时这篇文章也提醒我们，要善于发现自己和他人身上的闪光点，扬长避短，这样路才能越走越宽。

14 坎井之蛙

诵读主体

子独不闻夫坎井之蛙乎？谓东海之鳖曰："吾乐与！出跳梁乎井干之上，入休乎缺甃之崖。赴水则接腋持颐，蹶泥则没足灭跗。还虷蟹与科斗，莫吾能若也。且夫擅一壑之水，而跨跱坎井之乐，此亦至矣。夫子奚不时来入观乎？"

东海之鳖左足未入，而右膝已絷矣。于是逡巡而却，告之海曰："夫千里之远，不足以举其大，千仞之高，不足以极其深。禹之时，十年九潦，而水弗为加益；汤之时，八年七旱，而崖不为加损。夫不为顷久推移，不以多少进退者，此亦东海之大乐也。"

于是坎井之蛙闻之，适适然惊，规规然自失也。

知人论世

庄子（前369—前286），姓庄，名周，字子休（亦说子沐），宋国蒙人。他是东周战国中期著名的思想家、哲学家和文学家。创立了华夏重要的哲学学派庄学，是继老子之后，战国时期道家学派的代表人物。《庄子》一书是庄周和他的门人后学所著，现存33篇。一般认为内篇7篇出自庄子之手，其余外篇15篇、杂篇则为庄子门人所撰述。文章选自《庄子·外篇》之《秋水》篇。《秋水》是《庄子》中的又一长篇，中心讨论人应怎样认识外物。全篇由两大部分组成，前一部分写北海海神和河神的谈话，一问一答一气呵成，构成本篇的主体。后一部分分别写了六个寓言故事，每个故事自成一体。

阅读鉴赏

这则寓言开篇便生动地描述了坎井之蛙蔽于一隅、得意于坎井之乐的情状。但它听到巨鳖详细述说东海壮观之后，便目瞪口呆，惊惧自失，感到难以理解了。作者如此着笔，讥讽坎井之蛙，旨在批判以公孙龙为代表的名家人物胸襟狭隘，见识浅短；刻画东海巨鳖，意在赞扬自己的学说博大精深，难以企及。

这则寓言采用了拟人化的手法，技巧之高超，可谓形神兼备。写坎井之蛙的活动情状，出井则在井边栏杆上跳跃，入井则在井壁的缺洞中休息，赴水则被水托着胳肢窝和下巴，踩泥则被泥浆淹没脚趾和脚蹼。凡观察过坎井之蛙的人，一定觉得异常逼真。而写井底之蛙环顾“虷（hán，孑孓；一说指井中赤虫）蟹与科斗”，以为没有谁比得上自己的骄傲自满意态，以及主动邀请东海之鳖前来观赏活动场所的自我炫耀神情，又使人似乎听到了盲目自大者的心声。特别听说“东海之大乐”以后，坎井之蛙始则“适适然（心慌貌）惊”，继而“规规然（拘束不安貌） 自失也”。其自惭形秽者的尴尬之状，简直使人感到历历如画。

思考寄语

如果把自己看到的一个角落当作整个世界，把自己知道的一点点知识看作人类文化的总和，那就会跟枯井里的青蛙一样，成为孤陋寡闻、夜郎自大和安于现状的可鄙角色。从这则寓言故事概括出来的成语“井底之蛙”，常常被用于讽刺那些知识浅薄，而又盲目自满的人。

15 敬业与乐业

诵读主体

第一要敬业。敬字为古圣贤教人做人最简易、直接的法门，可惜被后来有些人说得太精微，倒变得不适实用了。唯有朱子解得最好，他说：“主一无适便是敬。”用现在的话讲，凡做一件事，便忠于一件事，将全副精力集中到这事上头，一点不旁骛，便是敬。业有什么可敬呢？为什么该敬呢？人类一面为生活而劳动，一面也是为劳动而生活。人类既不是上帝特地制来充当消化面包的机器，自然该各人因自己的地位和才力，认定一件事去做。凡可以名为一件事的，其性质都是可敬。当大总统是一件事，拉黄包车也是一件事。事的名称，从俗人眼里看来，有高下；事的性质，从学理上解剖起来，并没有高下。只要当大总统的人，信得过我可以当大总统才去当，实实在在把总统当作一件正经事来做；拉黄包车的人，信得过我可以拉黄包车才去拉，实实在在把拉车当作一件正经事来做，便是人生合理的生活。这叫作职业的神圣。凡职业没有不是神圣的，所以凡职业没有不是可敬的。唯其如此，所以我们对于各种职业，没有什么分别拣择。总之，人生在世，是要天天劳作的。劳作便是功德，不劳作便是罪恶。至于我该做哪一种劳作，全看我的才能如何，境地如何。因自己的才能、境地，做一种劳作做到圆满，便是天地间第一等人。

知人论世

梁启超（1873—1929），字卓如，一字任甫，号任公，又号饮冰室主人、饮冰子。清朝光绪年间举人，中国近代思想家、政治家、教育家、史学家、文学家，戊戌变法（百日维新）领袖之一，中国近代维新派、新法家代表人物。

幼年时从师学习，8岁学为文，9岁能缀千言，17岁中举。后从师于康有为，成为资产阶级改良派的宣传家。戊戌变法前，与康有为一起联合各省举人发动"公车上书"运动，此后先后领导北京和上海的强学会，又与黄遵宪一起办《时务报》，任长沙时务学堂的主讲，并著《变法通议》为变法做宣传。戊戌变法失败后，与康有为一起流亡日本，政治思想上逐渐走向保守，但是他是近代文学革命运动的理论倡导者。逃亡日本后，梁启超在《饮冰室合集》《夏威夷游记》中继续推广"诗界革命"，批判了以往那种诗中运用新名词以表新意的做法。在海外推动君主立宪。辛亥革命之后一度入袁世凯政府，担任司法总长；之后对袁世凯称帝、张勋复辟等严词抨击，并加入段祺瑞政府。他倡导新文化运动，支持五四运动。其著作合编为《饮冰室合集》。

阅读鉴赏

《敬业与乐业》是近代文学家梁启超于1922年8月对上海中华职业学校学生作的一篇演讲稿。全文分为三个部分，第一部分，提出问题，揭示"敬业和乐业"这一中心。第二部分，论述敬业和乐业的重要性。第三部分，总结全文，勉励人敬业乐业。全文主旨鲜明，思路清晰，感情充沛，说理充分。

节选部分论述"敬业"这一问题。先阐述什么叫敬业，再讲为什么要敬业。作者引用朱子的话做理论论据，解释何为"敬"，认为"敬"要做到专心致志，心无旁骛。接着，用两个设问句引出下文，强调劳动是人类生存的需要，强调只有在劳动中才能产生价值、乐趣，个体生活才有意义。作者又列举“当大总统”“拉黄包车”这两种地位悬殊的职业做事实论据，阐述“凡职业没有不是神圣的，凡职业没有不是可敬的”道理，告诉人们无论从事任何职业，都应当把它当正经事来做，尊重自己的职业，专注于自己的职业。

思考寄语

敬业是一种人生态度，是珍惜生命、珍视未来的表现。中华民族历来有“敬业乐群”“忠于职守”的传统美德。只有爱岗敬业的人，才会在自己的工作岗位上勤勤恳恳，不断地钻研学习，一丝不苟，精益求精，才有可能为社会为国家做出贡献。

16 相遇和命运

诵读主体

茫茫人海里，你遇见了这一些人而不是另一些人，这决定了你在人世间的命运。你的爱和恨，喜和悲，顺遂和挫折，这一切都是因为相遇。

但是，请记住，在相遇中，你不是被动的，你始终可以拥有一种态度。相遇组成了你的外部经历，对相遇的态度组成了你的内心经历。

还请记住，除了现实中的相遇之外，还有一种超越时空的相遇，即在阅读和思考中与伟大灵魂的相遇。这种相遇使你得以摆脱尘世命运的束缚，生活在一个更广阔、更崇高的世界里。

知人论世

本文摘自周国平文集《生命的品质》。周国平，1945年7月25日生于上海，哲学博士，中国社会科学院哲学研究所研究员，中国当代著名学者、散文家、哲学家、作家，是中国研究哲学家尼采的著名学者之一。代表作品《人与永恒》《人生哲思录》《善良·丰富·高贵》等。

阅读鉴赏

文中写到两种相遇：一种是现实中与他人的相遇，另一种是在阅读和思考中与伟大灵魂的相遇。与人相处当有自己的态度，诚诚恳恳，不卑不亢，问心无愧就好。而阅读和思考则可以让我们超越时空限制，跟古今中外最有智慧的作者进行交流，汲取他们思想智慧的精华来滋养我们，让自己成长壮大，从而成为更好的自己。

周国平还说："读书的收获有两种。一是通过读书知道了自己原来没有当然也就不知道的东西，这样收获到的东西叫知识。二是通过读书发现了自己原来已经有但没有意识到的东西，这些东西是自己感悟到的，但好像一直沉睡着，现在被唤醒了，激活了，因此获得了生长、开花、结果的机会。这样收获到的东西，我称之为智慧。"

普鲁斯特也说过："每个读者只能读到已然存在于他内心的东西。书籍只不过是一种光学仪器，帮助读者发现自己的内心。"书籍能让人见天地，见众生，最终让人"见自己"。

思考寄语

开卷有益，阅读那些经典，正如培根所说：读史使人明智，读诗使人灵秀，读数学使人周密，读科学使人深刻，读伦理学使人庄重，读逻辑修辞之学使人善辩：凡有所学，皆成性格。一个人的阅读史就是一个人的精神发育史。

去读书吧！在专注的阅读中修身养性，增加你生命的厚度，拓宽你生命的广度，取得人生境界的提升。

17 最美的舞者

诵读主体

她，出生于1976年11月，两岁那年，因高烧而失去了听力。她是生活在无声世界里的舞者，15岁接受正规的舞蹈训练，湖北美术学院美术装潢设计专业毕业。1994—1998年进入湖北美术学院本科学习，1998—1999年任武汉第一聋哑学校教师，1999年进入湖北省残疾人联合会艺术团，2003年正式调至中国残疾人艺术团，先后荣获全国残疾人艺术会演一等奖、“奋发文明进步奖”个人文艺奖，现任中国特殊艺术协会副主席。邰丽华克服残疾带来的种种困难，自强不息，刻苦训练，在大型音乐舞蹈“我的梦”的五个节目中担任主力，先后出访20多个国家，国内巡演20多个省市，演出数百场，受到国内外广大观众的喜爱。在多年的演艺生涯中，邰丽华以自己的行动展示了残疾人艺术的人性之美，台风端正，表演认真，不断追求艺术的提高，在各类比赛中取得了优异成绩。邰丽华热爱残疾人事业，热爱残疾人特殊艺术。为宣传残疾人事业，她长期在外演出，很少与家人团聚，经常带病训练，先后拍摄了4部个人专题片，多次参加慈善公益演出，任劳任怨、不计名利、不计报酬，表现了良好的大局观和集体观。邰丽华曾以表演舞蹈《雀之灵》而著名，同时作为中国唯一登上两大世界顶级艺术殿堂——美国纽约卡内基音乐厅和意大利斯卡拉大剧院的舞蹈演员，她带着舞蹈《千手观音》从2004年残疾人奥运会的闭幕式走进了2005年中央电视台的春节联欢晚会。

在春晚舞蹈《千手观音》中，邰丽华与20位同伴结为一体，以千手观音形象立于莲花台上，在镶嵌着一千多只手的金碧辉煌的拱门下，用缤纷的手姿和斑斓的色彩，“述说”内心世界的美丽话语。伴随着激昂的乐曲，舞者鱼贯而入，舒展在舞台上，以婀娜的舞姿和生动的眼神，描绘梦中的天堂。身着白纱衣的4位手语指挥相伴四周，向舞者解读他们无法听见的音乐。21位舞蹈演员虽然生活在无声的世界里，但通过舞蹈老师的手语指挥用眼睛去感悟音乐的韵律、用身心去展现绚丽的华彩，给所有观众朋友送上了节日的祝福。

知人论世

本文选自《感动中国2005颁奖词》，有删减。

邰丽华，1976年11月9日出生于湖北省宜昌市，聋哑人舞蹈家，中国残疾人艺术团团长、舞蹈演员、艺术总监，中国特殊艺术协会副主席。

邰丽华2岁失聪，但她以独特的方式创作艺术，15岁成为中国残疾人艺术团的领舞演员，1999年进入湖北省残疾人联合会艺术团，2002年8月调入北京中国残疾人艺术团，担任演员队队长，兼任中国特殊艺术协会副主席。28岁成为艺术总监，塑造了特殊艺术经典《我的梦》。她领舞的《千手观音》在2004年雅典残奥会上震撼世界，后被评为“感动中国2005年度人物”；获得中国青年五四奖章。

阅读鉴赏

她不单是聋哑人舞蹈家还是心灵的舞者，《感动中国》颁奖词这样形容她“于无声处，展现生命的蓬勃。心灵的震撼不需要语言，你在我们眼中是最美”，由于听不到声音，她的艺术之路洒满了艰辛和汗水，但更铺满了阳光和献花。正如邰丽华所言：人生如同月亮是有圆有缺有满有空的，这是我不能选择的；但我们可以选择看待人生的角度，多看人生的圆满，然后带着一颗快乐感恩的心，去面对人生的不圆满。

北京2022冬残奥会上，身为中国残疾人艺术团团长、中国特殊艺术协会副主席的邰丽华点燃“夏奥之火”，开幕式上，带着残疾人演员们，深情地用手语“唱”着国歌，“唱”出他们对祖国的爱，虽无声，但意浓，给大家带来了心灵的震撼。

思考寄语

生活为你关上一扇门，同时就会为你打开一扇窗，塞翁失马，焉知非福。唯有不抛弃不放弃，用乐观豁达直面人生，用一技之长点亮人生，用拼搏奋斗主宰人生，你的人生才会大放异彩。

18 毕业赠言

诵读主体

诸位毕业同学:

你们现在要离开母校了,我没有什么礼物送给你们,只好送你们一句话吧。这一句话是:“不要抛弃学问。”

以前的功课也许有一大部分是为了这张毕业文凭,不得已而做的。从今以后,你们可以依自己的心愿去自由研究了。趁现在年富力强的时候,努力做一种专门学问。少年是一去不复返的,等到精力衰时,要做学问也来不及了。即为吃饭计,学问决不会辜负人的。吃饭而不求学问,三年五年之后,你们都要被后进少年淘汰掉的。到那时再想做点学问来补救,恐怕已太晚了。

有人说:“出去做事之后,生活问题亟须解决,哪有工夫去读书?即使要做学问,既没有图书馆,又没有实验室,哪能做学问?”

我要对你们说:凡是要等到有了图书馆才能读书的,有了图书馆也不肯读书;凡是要等到有了实验室方才做研究的,有了实验室也不肯做研究。你有了决心要研究一个问题,自然会撙衣节食去买书,自然会想出法子来设置仪器。

至于时间,更不成问题。达尔文一生多病,不能多做工,每天只能做一点钟的工作。你们看他的成绩!每天花一点钟看10页有用的书,每年可看3600多页,30年可读11万页书。

诸位,11万页书可以使你成为一个学者了。可是,每天看3种小报也得费你一点钟的工夫;4圈麻将也得费你一点半钟的光阴。看小报呢,还是打麻将呢,还是努力做一个学者呢?全靠你们自己的选择!

易卜生说:“你的最大责任是把你这块材料铸造成器。”

学问便是铸器的工具,抛弃了学问便是毁了你们自己。

再会了!你们的母校眼睁睁地要看你们10年之后成什么器。

知人论世

胡适一生学术活动主要在文学、哲学、史学、考据学、教育学、红学几方面,主要著作有《中国哲学史大纲(上)》《尝试集》《白话文学史(上)》和《胡适文存》(四集)等。他在学术上影响最大的是提倡“大胆地假设、小心地求证”的治学方法。

阅读鉴赏

毕业典礼不仅为学生们的大学学业画上句号,更重要的是,它也宣告着学生新的人生阶段的开始。校方的致辞或赠言也成为毕业生们在学校的最后一堂课。它不单单是对校园生活的总结,更是对下一个人生阶段如何迈步的指导。作为社会上独立的个体,如何走好今后的路,对毕业生而言这“最后一课”的意义至关重要。

深具教育情怀的胡适,曾多次向毕业生们赠言。他曾说,大学生毕业后,可喜可贺,无须伤感!倘能“持己以诚,卑以接物,虚怀而受,放眼以观”,则处处可以“问学”,谋得进步。

在这篇给中国公学第十八年级学生的《毕业赠言》中,胡适先生仍然告诫毕业生们“不要抛弃学问”“趁现在年富力强的时候,努力做一种专门学问”。胡适还强调,做学问需要有决心,需要持之以恒。文中他还引用了易卜生先生的一句话:“你的最大责任是把你这块材料铸造成器。”进而说:“学问便是铸器的工具,抛弃了学问便是毁了你们自己。”最后说:“再会了!你们的母校眼睁睁地要看你们10年之后成什么器。”

这段赠言,对当今学校的毕业生来说,也可谓金玉良言。社会在进步,时代在发展,知识也在更新,如不继续学习,努力做一种专门学问,掌握一至两门实践知识与技能,难免会遭遇社会的淘汰危机。我们应树立终身学习理念,善于学习,以学习坚定信念,以学习促进发展。

思考寄语

“一次学习,终身受用”的时代一去不复返,为了跟上时代发展的步伐,就必须树立终身学习理念,学习是终身的职业,在学习的道路上,谁想停下来就要落伍。每一个人必须学会利用各种学习资源去学习去充电,只有这样才能不断提高自己的素质,拓宽视野,提高业务能力,适应社会的发展,实现自己的人生价值。

19 假如你不够快乐

诵读主体

假如你不够快乐
也不要把眉头深锁
人生本来短暂
为什么　还要栽培苦涩

打开尘封的门窗
让阳光雨露洒遍每个角落
走向生命的原野
让风儿熨平前额

博大可以稀释忧愁
深色能够覆盖浅色

知人论世

汪国真（1956—2015），现代诗人。第一部诗集为《年轻的潮》。汪国真作品的特点是主题积极向上，纯真而超脱。代表作为《年轻的潮》《年轻的思绪》等。

汪国真自称其创作得益于四个人：李商隐、李清照、普希金（俄国）、狄金森（美国）。作品风格追求普希金的抒情、狄金森的凝练、李商隐的警策、李清照的清丽。

阅读鉴赏

这是一首哲理诗，贴近生活、平白清丽、真切昂扬，处处彰显着鲜活的生命力，看似豁然超脱，实则领悟人生后的积极态度，更多的是对未来的期许和盼望，向读者传递一种积极向上的生活态度。鼓励人们打开胸怀，积极生活，放下烦恼。读后如沐春风，心中苦涩荡然无存。

诗歌语言简洁凝练、平和清丽，读起来朗朗上口，面对熟悉的生活，熟悉的事物，却没有习惯性的表达。“眉头紧锁”的“锁”字可以形象地表现出不快乐时紧皱眉头的样子，“栽培苦涩”中“栽培”一词用得巧妙，运用比拟手法，将苦涩比作可栽培的植物，紧锁和栽培苦涩，只会让苦恼深留心中，蔓延滋长。“尘封的门窗”“生命的原野”用语精当，给人新鲜之感，开阔我们的胸襟，打开我们的视野。“熨”“稀释”用得极为贴切，将抽象的愁具象化，亲切自然，让我们真切感受到苦闷离去后的释然。

思考寄语

平凡人如何在平凡的职业岗位中找到真正的自己并成就自己，让自己的人生出彩。没有波折，没有磨炼，没有困惑，很难真正成长。经历的每一件事情，不管是好的、坏的、欢乐的、苦伤的，都是我们弥足珍贵的财富。

20 永不折服的中国脊梁

诵读主体

有人曾说：中国总是被这群最勇敢的人保护得很好。这群勇士中，一定有一个叫钟南山的人。

钟南山骨子里的“刚”，从小就埋下了。12岁那年，他偷偷找来一把大伞，从三楼一跃而下，幻想像武侠片中的豪杰一样凌云腾空。没想到，伞边翻卷，支撑力不足，钟南山被狠狠地摔在草地上，瘫坐了一个多小时，一声不吭地爬了起来。

成年之后，钟南山投入医学行业。1971年他刚进入广州第四人民医院时，是医院里功底最差的大夫。因为一次医疗诊断失误，他被科室的医师们揶揄，他羞愧难当，每天见缝插针地开始了医学术语和专业英语的学习。几个月内，他写下了4大本医疗工作笔记，暴瘦24斤，很快胜任了临床工作。

43岁时，他通过了选拔考试，赢得了到英国留学的机会。当时，中国医生没有资格直接参与临床手术，钟南山只能做一些查房、参观实验的边角活。他知道，只用眼睛看根本不能做出成绩，导师也不看好他，只允许他待满8个月。钟南山不服气，决定改变局面。为了观察真实的实验过程，他在自己身上抽血30多次，记录好实验数据；为了研究"一氧化碳对人体影响"的课题，他狂吸一氧化碳。要知道，血液中一氧化碳含量高达22%，就相当于连抽60支香烟。他成功了，不仅证实了导师的演算公式，还指出了推导的不完整性。导师心服口服，告诉钟南山："你想待多久都可以。"毕业时，英国一家大学极力挽留钟南山，希望他在皇家医院工作，钟南山则执意要回国。导师弗兰里给中国驻英国大使馆写信，热情赞扬钟南山："我从未遇到过一个学生，像钟医生这样勤奋，合作得这样好，这么有成效。"

钟南山在他的日记里写道："我终于让他们明白了，中国人也有值得别人学习的地方。我第一次感觉到做中国人的骄傲。"从此他成长为一个敢医敢言的"钢铁直男"，在医学的荆棘丛里走出一条坦途。

"人最可贵的是讲心里话，心里话不一定都是对的，你拿出来批判也没关系，只要能够启发大家思考就达到目的了。"钟南山一生铿锵刚直，不相信盲目的传言，不屈从所谓权威，只相信实践和时间检验过的真理。这样一个刚的猛士，心底却藏着极致的温柔。

"非典"刚开始时，广州不明原因的肺炎病人急剧增多，明知病毒极强，钟南山还是挺身而出："把重症病人都送到我这里来。"他给每个病人量体温，不放过每一个观察的机会。曾连续工作38小时未合眼，直到病倒在床。为了不影响同事和病人的情绪，他隐瞒了病情，悄悄回家治疗。武汉暴发新冠肺炎疫情十分凶猛，他叮嘱大家"没有特殊情况，不要出门"，自己却毅然踏上去往武汉的列车。历经多少苦难，被疲倦和疾病百般折磨，他都不曾落泪，却在听闻武汉街头无数市民齐声高唱国歌的消息时，眼眶泛红，哽咽失声。

鲁迅说："我们自古以来，就有埋头苦干的人，有拼命硬干的人，有为民请命的人，有舍身求法的人……"，这就是中国的脊梁。

钟南山，就是那刚硬坚强、永不弯折的中国脊梁。

知人论世

作者张领域，选文有所改编。

钟南山，中共党员。1936年出生于江苏南京，福建厦门人，广州医科大学附属第一医院国家呼吸系统疾病临床医学研究中心主任，中国工程院院士，中国医学科学院学部委员。曾任广州医学院院长、党委书记，广州市呼吸疾病研究所所长。国家卫健委高级别专家组组长、国家健康科普专家。

阅读鉴赏

他两鬓斑白，满脸皱纹，虽年至耄耋，但依然不忘被病痛折磨的人们。在抗击“非典”和新型冠状病毒期间，他挺身而出，勇敢地逆行，奔赴疫情灾区，带领医护人员，与病毒作抗争，与死神争分夺秒，甚至冒着生命危险亲自拯救重危病人。在武汉抗击新型冠状病毒时他说：“武汉本来就是一个英雄的城市，有全国，有大家的支持，武汉肯定能过关！”他的话犹如定海神针，让中国成千上万的人民看到了战胜病毒的希望。他就是钟南山院士，他是为中国请命之人，是载入中国史册之人，他所做的一切都值得我们为之肃然起敬！

思考寄语

当疫情大规模横行猖獗的时候，他冲在最前线，在这场没有硝烟的战斗中，他舍己为民、不畏艰险的崇高精神是我们的风向标，在这物质横流的当代社会，他给了我们正确的人生价值观。我们该多么庆幸有钟南山这样无私奉献的白衣战士，为我们付出常人难以想象的辛劳。华夏儿女有他这样的民族精神、领军人物，相信我们会薪火相传、生生不息。

21 "咬"定品质不放松

——记"大国工匠"周虎

诵读主体

2000年，不满22岁的周虎，拖着一口木箱子来到了武汉船用机械有限责任公司，开启了他的钳工生涯。

人如其名，10多年来，他曾在大漠望孤烟，也曾在海上数星斗，但无论面对什么样的任务、什么样的工作条件，周虎始终像一头倔强的老虎，"咬"住技术，"咬"住质量，丝毫不敢懈怠。他以产品一次交验合格率100%、节点实现率100%的工作，为海军建设累计提供千余套优质装备，为我国国防建设做出了突出贡献。

人们常形容钳工技艺的难度好比是在"雕刻发丝"。面对广阔的车间、巨型的零件、冰冷的钳台，周虎也曾有些无所适从。为了快速提高自己的技能，周虎除了学习大量专业书籍外，还"咬"上了师傅。每当休息的时候，听到钳工房传来的锉刀声，师傅就会说"虎子又在磨牙了"。最终周虎连续摘取了三届武汉市职业技能大赛钳工桂冠。2013年在中船重工职业技能竞赛中，他再次问鼎，被授予"全国技术能手"称号。

谈起工匠精神，周虎说："我没那么高的文化，我理解的工匠精神就是把活儿做好、做精、做出道儿道儿来，然后教会徒弟。让他们也把活儿做好、做精、做出道儿道儿来，然后再带好徒弟。"这就是周虎。他百炼青春，只为追求永不褪却的金属色；他厚积豪情，却在大海碧波中尽情挥洒。

知人论世

周虎，武汉船用机械有限责任公司装配钳工，中国船舶重工集团公司"首席技能专家"，曾获全国技术能手、中央企业知识型先进职工、湖北省首席技师等荣誉称号，享受国务院政府特殊津贴。

阅读鉴赏

周虎的故事让人敬佩，令人感动，他的故事为我们诠释了什么是大国工匠、什么是工匠精神，周虎说："我理解的工匠精神就是把活儿做好、做精、做出道儿道儿来。"首先怀着对职业的那份敬爱，干一行，爱一行，精一行。近代文学家梁启超在《敬业与乐业》一文中说："怎样才能把一种劳作做到圆满呢？唯一的秘诀就是忠实，忠实从心理上发出来的便是敬。"放在周虎身上便是一种职业奉献精神。其次对精湛技术的极致追求，题目中"咬定"二字凸显出顽强而又执着的品质，就如同山间竹子，深深扎根石缝中，没有一丝一毫的放松，"千磨万击还坚劲，任尔东西南北风"。

这些大国工匠，大多是奋斗在生产第一线的杰出劳动者，凭着一份专注与勤勉，凭着对技艺的坚守，再经历刻苦实践钻研，练就了精湛的技术，他们以聪明才智，敬业勤勉，抒写着一线劳动者的不平凡，他们为我们的时代，为我们的社会做出突出的贡献，他们敬业奉献、精益求精的精神令人感动。

思考寄语

大国工匠，匠心筑梦。全面建设社会主义现代化国家新征程中正是需要这些高素质技术技能人才，他们可能没有过硬的学历文凭，但拥有过硬的技术实力，同样可以百炼成钢，择一业，精一事，终一生。

22 自题小像

诵读主体

灵台无计逃神矢，风雨如磐暗故园。
寄意寒星荃不察，我以我血荐轩辕。

知人论世

鲁迅（1881—1936），中国现代文学的奠基者。原名周树人，字豫山，后改字豫才，浙江绍兴人。著名文学家、思想家、革命家、教育家、民主战士。1918年5月，首次以“鲁迅”作笔名，发表了中国文学史上第一篇白话小说《狂人日记》。他是中国现代小说、白话小说和近代文学的奠基人之一，新文化运动的领导人、左翼文化运动的支持者。他的著作以小说、杂文为主，代表作有小说集《呐喊》《彷徨》《故事新编》，散文集《朝花夕拾》，文学论著《中国小说史略》，散文诗集《野草》，杂文集《坟》《热风》《华盖集》等。

阅读鉴赏

这首诗写于1903年前后，当时正是中华民族危机空前严重、人民生活异常痛苦的年代。自1840年鸦片战争之后，帝国主义列强瓜分中国的野心日益显露，不断进行疯狂地侵略。富有革命传统的中国人民则不甘忍受凌辱和压迫，英勇地抗击帝国主义的侵略。1902年，作者怀着满腔爱国热忱到日本留学，并积极投入爱国革命活动中。本诗即为这一阶段所作。

“灵台无计逃神矢”，灵台：心。典出《庄子》杂篇《庚桑楚第二十三》：“不可内于灵台。”神矢：神的箭。化用希腊神话爱神丘比特的神箭。我的心无法逃避爱神射来的神箭，作者倾吐自己对祖国矢志不渝的热爱。

“风雨如磐暗故园”，风雨如磐，典出《诗经·郑风·风雨》：“风雨如晦，鸡鸣不已。”“风雨”隐喻帝国主义侵略和清政府专制。暗：使……变得黑暗。故园：故乡，泛指祖国。风雨如大石般压在头上，黑暗笼罩着祖国家园。这句诗高度概括了半封建半殖民地旧中国黑暗悲惨的现状，是产生“灵台无计逃神矢”这一强烈感情的客观原因。

“寄意寒星荃不察”，寄意寒星，典出《楚辞·九辩》：“愿寄言夫流星兮，羌倏忽而难当。”“意”，指作者救国救民的理想。“荃”，这里暗喻旧中国的百姓。我托寒星传达心意，但人们不体察我的衷情。作者用浪漫主义的想象表达自己拯救祖国的希望，希望他救国救民的理想能为“荃”所理解，即希望人民觉醒起来。

“我以我血荐轩辕”，轩辕：黄帝名，中原各族的共同祖先，中华民族的始祖和象征。我把我的鲜血敬献给祖国，誓为中华民族的解放而牺牲。这句是为国献身的誓言，表达了作者同帝国主义列强斗争的决心和为国捐躯的精神。

这首诗，诚挚恳切，雄健激昂，结构严谨。作者运用顿挫跳跃的笔法，把强烈的爱国主义情感抒发得波澜起伏、深刻真切。全诗四句，先抒发作者对祖国的热爱之情，再写对处在“风雨如磐”之中的国家的忧虑，继而流露出对“同胞未醒”的苦闷忧虑，最后迸发出“我以我血荐轩辕”的铮铮誓言，字字倾注了作者对国家、对人民的无限忠心，将诗的感情升华到了一个激昂慷慨、热血沸腾的高度。

思考寄语

这首诗写于1903年前后，鲁迅先生留学日本期间。青年鲁迅在一张剪掉辫子的照片背面题写了这首诗送与好友许寿裳，以表达自己为国奉献、矢志不渝的决心。“我以我血荐轩辕”是爱国主义感情的升华，也是青年鲁迅鸿鹄之志的写真，更是鲁迅先生矢志不渝、毕生实践的人生格言。在这壮美诗句的字里行间，跳荡着一个伟大的民族英灵。它激励着我们去光大这“民族魂”，用自己的青春与热血去实践这值得“毕生实践的格言”！

23 生活是多么广阔

诵读主体

生活是多么广阔。
生活是海洋。
凡是有生活的地方就有快乐和宝藏。

去参加歌咏队，去演戏，
去建设铁路，去做飞行师，
去坐在实验室里，去写诗，
去高山上滑雪，
去驾一只船颠簸在波涛上，
去北极探险，去热带搜集植物，

去带一个帐篷在星光下露宿。
去过极寻常的日子，
去在平凡的事物中睁大你的眼睛，
去以自己的火点燃旁人的火，
去以心发现心。

生活是多么广阔。
生活又多么芬芳。
凡是有生活的地方就有快乐和宝藏。

知人论世

何其芳（1912—1977），原名何永芳，生于重庆万州，现代诗人、散文家、文学评论家，中国科学院哲学社会科学学部委员。1935年毕业于北京大学哲学系。1938年，到延安鲁迅艺术学院任教，同年加入中国共产党，为革命文艺作了大量拓荒工作。在延安工作时，发表了《生活是多么广阔》《我为少男少女们歌唱》等诗歌。

诗歌是何其芳最热爱的文学形式。他自称开始创作时“成天梦着一些美丽的温柔的东西”，早期的作品在艺术上追求唯美主义，鲜明地表现出知识青年的思想感情和个性。到延安后作品向民族化和群众化方面靠拢，具有明快、简洁、朴素的特点。代表作有诗集《汉园集》《预言》《夜歌》，散文集《画梦录》《还乡日记》《星火集》《星火集续编》《一个平常的故事》等。

阅读鉴赏

《生活是多么广阔》写于1941年年底，是一首热情洋溢的、歌唱新生活的诗作。

诗的第一节是写诗人对生活的渴望与歌颂。诗人大声地唱出：“生活是多么广阔，生活是海洋。凡是有生活的地方就有快乐和宝藏。”以海洋喻生活，形象地描绘了生活的广阔，以“快乐和宝藏”形容生活，一方面引起第二节的想象，另一方面也表现诗人乐观面对生活的人生态度。

诗的第二节，是诗的主体部分。在当时艰苦的战争环境之中，诗人挥动想象的翅膀，以“去”字领句，展示了绚丽多彩的生活内容，启迪青年们根据自己的个性、爱好、特长去选择所喜爱的生活内容，在不同的岗位上发挥聪明才智，做出贡献。然而生活毕竟是严峻而踏实的，有兴趣盎然的一面，但更主要的是要善于发掘平凡生活里的诗意，发现里面的“快乐和宝藏”。

诗的第三节使用环结法，与第一节前后呼应，反复咏唱。但它又稍有变化，除了重复地强调“生活是多么广阔”和充满“快乐和宝藏”外，又补充了“生活又多么芬芳”一句，来渲染生活中的美和诗意。这样循循善诱的启示和充满深沉的思索意味的描写，能够激发青年人对生活的热爱和向往，并严肃地思考人生中的许多问题，从而摆正自己在生活中的位置。

思考寄语

美学大师朱光潜说：世上最快活的人是最活动的人，也是最能领略的人。平凡的生活中，孕育着无限美好，学习中挑战一道难题，工作中攻克一个难关，都会给你带来快乐，使你看到生活中的美。我们要学会品味生活，勇于开拓和发现，以积极乐观的心态去面对生活，用勤劳的双手去创造美好。

24 黎　明

诵读主体

心儿呀，
不要沮丧，
天将破晓，
黎明即将来到。
诺言的种子，
深深扎根土中，

终将发芽，
破土而出。
睡眠，
像花蕾，
就要向着光明敞开胸怀，
沉默终将发出声响。
负重将得到报偿，
苦难将照亮你的路程，
这一天即将到来。

知人论世

泰戈尔（1861—1941），印度诗人、文学家、社会活动家、哲学家。1913年，他以《吉檀迦利》成为第一位获得诺贝尔文学奖的亚洲人。泰戈尔的诗风对中国现代文学产生过重大影响，启迪了郭沫若、徐志摩等一代文豪，代表作有《飞鸟集》《眼中沙》《文明的危机》等。

阅读鉴赏

作为亚洲首位诺贝尔文学奖获得者，泰戈尔不仅是印度文学史上罕见的巨匠，也是享誉世界的文学泰斗。他多才，多艺，多产，一生为世界留下了丰富而瑰丽的遗产。其中，诗歌是他最为倾心也最为得心应手的艺术形式。在他的诗作中，爱祖国、爱人类、爱自然、爱生活的美好情感和对神的信仰、对现实的苦闷失望交织在一起，构成了起伏跌宕的乐章。

泰戈尔的抒情诗流传最为广泛，这些诗歌具有浓厚的抒情性，同时又充满了深邃的哲理。由于受到西方文学的影响，泰戈尔的诗歌创作突破了浪漫主义直抒胸臆和现实主义客观白描的惯用手法，善于将抽象的思想观念、深邃的哲理意识和无形的精神活动变成生动可感的、具体有形的艺术形象，通过比喻、拟人、象征等艺术手法形象生动地揭示抽象的哲理，具有无与伦比的优雅又浓郁的情韵。

在这首小诗中，黎明是光明和希望的象征，尽管暂时处于黑暗之中，但还是要坚定信念，直面苦难，深深扎根，相信终有一天会钻破泥土，绽放花蕾，迎来黎明的曙光。短小的语句道出深刻的人生哲理，给人希望与鼓舞，引领世人探寻真理和智慧的源泉。

思考寄语

我们读过俄国诗人普希金的诗歌《假如生活欺骗了你》，诗歌表达了与本诗相似的主题。我们在生活中总会遇到这样那样的困难，正如天气有阴有晴，月亮有圆有缺，没有一帆风顺的人生。困境也是人生经历必不可少的一部分，经历并战胜困难，我们才能更好地成长，也更加珍惜美好的生活。漫漫人生路上，愿你勇敢地经受风雨的考验，去迎接更好的风景，成为更好的自己。这样的人生，才是真实而有意义的。